Susanne Bickel
Frauen an Pharaos Hof

Adolf-Erman-Vorlesungen zur ägyptischen Sprache und Kulturgeschichte am Berliner Wörterbuch-Projekt

---

Herausgegeben von
Tonio Sebastian Richter und Daniel Werning
im Auftrag der Berlin-Brandenburgischen Akademie der Wissenschaften

Band 2

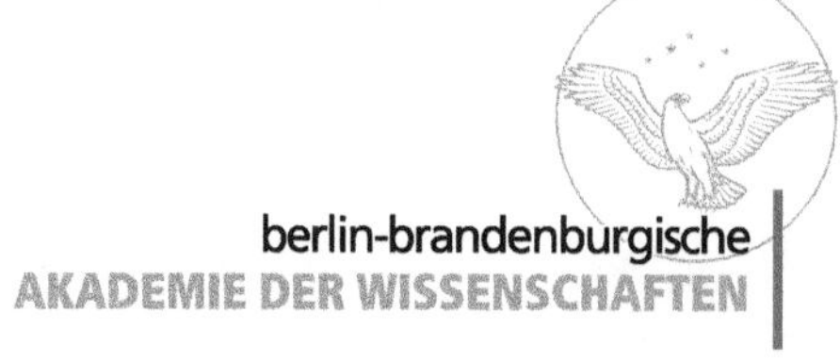

Susanne Bickel

Frauen an Pharaos Hof

Die erweiterte Familie Amenhoteps III.
als Lebens- und Kultgemeinschaft

DE GRUYTER

ISBN 978-3-11-134035-7
e-ISBN (PDF) 978-3-11-134039-5
e-ISBN (EPUB) 978-3-11-134048-7
ISSN 2751-7454

Library of Congress Control Number: 2023944666

Bibliografische Information der Deutschen Nationalbibliothek
Die Deutsche Nationalbibliothek verzeichnet diese Publikation in der Deutschen Nationalbibliografie; detaillierte bibliografische Daten sind im Internet über http://dnb.dnb.de abrufbar.

Einbandabbildung: Frauen aus dem Umfeld Amenhoteps III.,
Grab des Cheruef. Foto: Matjaz Kačičnik.
Druck und Bindung: CPI books GmbH, Leck

www.degruyter.com

Vorwort der Herausgeber

Mit dem zweiten Bändchen der *Ermaniana*-Reihe tritt die „Adolf-Erman-Vorlesung zur ägyptischen Sprache und Kulturgeschichte" des Jahres 2019 aus dem Binnenraum der *Berlin-Brandenburgischen Akademie der Wissenschaften*, in deren Einstein-Saal die Basler Professorin für Ägyptologie Susanne Bickel sie am 31. Oktober 2019 vortrug, in die Öffentlichkeit.

Alljährlich am Reformationstag, dem Geburtstag Adolf Ermans, feiert die ägyptologische Arbeitsstelle der Berliner Akademie[1] mit ihrem „Flaggschiff", dem *Thesaurus Linguae Aegyptiae*,[2] die „Reformation" der ägyptischen Sprachwissenschaft aus dem Geiste der Berliner Schule der Ägyptologie[3] – ein fachgeschichtlicher Meilenstein, den Erman selbst so beschrieb: „Aus der heiteren, an Überraschungen reichen Wissenschaft machten wir eine trockene Philologie mit unbequemen Lautgesetzen und bösen syntaktischen Regeln"[4]. 2019 war Ermans 165. Geburtstag; zugleich jährte sich das *annus mirabilis* 1894 der Berliner Schule, das Erscheinungsjahr von Adolf Ermans Ägyptischer und Georg Steindorffs Koptischer Grammatik, zum 125. Male.

Susanne Bickel studierte Ägyptologie, Koptologie und Germanistik in Genf. 1989 ging sie nach Kairo, wo sie mehr als zehn Jahre lang am *Schweizerischen Institut für Altertumskunde und Bauforschung* und am *Institut Français d'Archéologie Orientale* arbeitete. 1993 reichte sie an der Universität Genf ihre Dissertationsschrift über ägyptische Weltentstehungsmythen vor der Zeit des Neuen Reiches ein.[5] 2000 kehrte Susanne Bickel in die Schweiz zurück, seit 2006 forscht und lehrt sie als Professorin am Fachbereich Ägyptologie der Universität Basel. Von 2000 bis 2012 versah sie zudem die ägyptologische Lehre an der Universität Fribourg und amtierte sie

---

1 Akademienvorhaben „Strukturen und Transformationen des Wortschatzes der ägyptischen Sprache: Text- und Wissenskultur im Alten Ägypten", https://aaew.bbaw.de (Zugriff: 31.8.2023).

2 *Thesaurus Linguae Aegyptiae*, https://thesaurus-linguae-aegyptiae.de, Korpus-Ausgabe 17, Web-App-Version 2.0.2.1, 8.8.2023, hrsg. von Tonio Sebastian Richter & Daniel A. Werning im Auftrag der Berlin-Brandenburgischen Akademie der Wissenschaften und Hans-Werner Fischer-Elfert & Peter Dils im Auftrag der Sächsischen Akademie der Wissenschaften zu Leipzig (Zugriff am: 31.8.2023).

3 Vgl. Thomas L. Gertzen, *École de Berlin und „Goldenes Zeitalter" (1882–1914) der Ägyptologie als Wissenschaft*, Berlin – Boston: De Gruyter 2013.

4 Hermann Grapow, *Worte des Gedenkens an Adolf Erman anlässlich seines hundertsten Geburtstages am 31. Oktober 1954*. Sitzungsberichte der Deutschen Akademie der Wissenschaften zu Berlin, Klasse für Sprachen, Literatur und Kunst 1954,3, Berlin: Akademie-Verlag. S. 16.

5 Publiziert: Susanne Bickel, *La cosmogonie égyptienne avant le nouvel empire*. Orbis biblicus et orientalis 134, Fribourg Éditions Universitaires – Göttingen: Vandenhoeck & Ruprecht 1994.

als Kuratorin für die ägyptische Sammlung des Museums *Bibel+Orient* und als Präsidentin der *Schweizerischen Gesellschaft für Orientalische Altertumswissenschaft*. Wenn die Statur der Ägyptologie bis heute selbstverständlich die Arbeit an sprachlich und nicht-sprachlich verfassten Quellen und Befunden einschließt, so beherrschen doch nur wenige Fachvertreter das dafür notwendige Methoden-Repertoire in ganzer Breite. Zu diesen gehört Susanne Bickel. Ihre philologischen, epigraphischen, bildwissenschaftlichen, bauforscherischen und archäologischen Arbeiten durchmessen den Methodenkreis des Faches, und ihre weitgespannten Forschungsfragen speisen sich aus jenem multiperspektivischen Zugang und profitieren davon. Im Zentrum von Susanne Bickels textbasierter Arbeit stehen religiöse und funeräre Texte des 3. und 2. Jahrtausends. Der von ihr zusammen mit Bernard Mathieu herausgegebenen Konferenzband von 2004 *D'un monde à l'autre* reflektiert ägyptische Konzepte der Passage vom Leben zum Tod im Lichte von Tradition und Veränderungen in der ägyptischen Totenliteratur des Alten und Mittleren Reiches und ist zu einem Standardwerk zum Thema geworden.[6] Als Archäologin, Epigraphikerin und Bauforscherin arbeitete Susanne Bickel am Speos Artemidos, auf Elephantine, im Tempel von Karnak, im Totentempel des Königs Merenptah, in der thebanischen Nekropole und im Tal der Könige, wo sie seit 2008 das *University of Basel Kings' Valley Project* leitet. Aus den Forschungsergebnissen und Funden dieses Projekts gewann Susanne Bickel überraschende Einblicke in das Leben und Sterben von Mitgliedern der erweiterten Königsfamilie,[7] die mit dem zweiten Band der *Ermaniana* einem breiteren Publikum präsentiert werden sollen.

Berlin, zum Erman-Tag 2023 — Tonio Sebastian Richter & Daniel A. Werning

---

6 Susanne Bickel & Bernard Mathieu (Hgg.), *D'un monde à l'autre: Textes des Pyramides & Textes des Sarcophages. Actes de la table ronde internationale „Textes des Pyramides versus Textes des Sarcophages" IFAO, 24–26 septembre 2001*. Bibliothèque d'étude 139. Le Caire: IFAO 2004 (3. Auflage 2013).

7 Vgl. auch Susanne Bickel (Hg.), *Räuber – Priester – Königskinder. Die Gräber KV 40 und KV 64 im Tal der Könige. Die beschrifteten Objekte der 18. Dynastie und die Keramik*. Swiss Egyptological Studies 2.1, Basel – Frankfurt a.M.: Librum.

Inhalt

Die Palastgemeinschaft

Der Pharao an der Spitze der Gesellschaft ist fest mit unserem Bild des Alten Ägypten verbunden. Statuen der knapp 200 Herrscher, die uns aus der 3000-jährigen altägyptischen Geschichte bekannt sind, zeugen ebenso von ihrer überragenden Stellung, wie die ungezählten Darstellungen in Tempeln, die einen Pharao auf Augenhöhe im Austausch mit Gottheiten zeigen. Ihre Grabstätten in Form von imposanten Pyramiden oder reich dekorierten Felsgräbern und die noch erhaltenen Tempel, die für ihren Totenkult errichtet wurden – etwa das Ramesseum oder Medinet Habu – beeindrucken Ägyptenreisende noch heute.

Vor dem Hintergrund der Allgegenwärtigkeit ihrer Darstellungen wirkt es paradox, dass wir über das Leben der altägyptischen Herrscher und über ihr privates Umfeld ausgesprochen wenig wissen. Sogar ihr politisches und kultisches Wirken bleibt uns weitgehend verborgen, wenn wir von einzelnen, meist literarisch stark überhöhten oder gänzlich fiktiven Schilderungen von königlichen Auftritten, Kriegshandlungen oder Ratssitzungen absehen.

Das Wort Pharao geht auf die griechische Aussprache eines der zahlreichen Ausdrücke für den altägyptischen König zurück: *per-aa*, wörtlich „das große Haus". Diese Bezeichnung des Herrschers gleicht in gewisser Weise dem deutschen Begriff „der Hof" (englisch „court", französisch „la cour"), mit dem wir sowohl eine großräumige bauliche Struktur als auch eine ausgedehnte Hofgesellschaft und Entourage des Herrschers verbinden.

Wenig ist über die Residenzen und Paläste der Pharaonen bekannt, doch gibt ein Papyrus (Pap. Boulaq 18) einen Einblick in die bauliche und soziale Organisation des altägyptischen Hofes. Demnach scheint ein Palast, zumindest am Ende des Mittleren Reiches (13. Dynastie, um 1750), in drei Bereiche unterteilt gewesen zu sein: 1. ein vorderer Bereich, der den hohen Amts- und Würdenträgern und offiziellen Geschäften vorbehalten war; 2. ein hinterer Teil, in dem sich die königliche Familie, einige wenige Beamte, teils mit ihren eigenen Familien, sowie Dienstpersonal aufhielten; 3. wohl neben und um diese Einheiten herum, die Dienstleistungs- und Produktionsbereiche mit Magazinen und ihren jeweiligen Verantwortlichen[1]. Diese drei Bereiche waren voneinander weitgehend abgeschirmt und ausschließlich für die jeweils befugten beruflichen und sozialen Gruppen zugänglich.

Eine in einigen Teilen ähnliche englische Version dieses Beitrags wird veröffentlicht in Bickel im Druck; zur Gesamtpublikation des hier vorgestellten Befundes Bickel (Hg.) 2021.

---

1 Quirke 1990, 36–41.

Aus der Zeit Amenhoteps III. (1390–1353 v.Chr.), mit der sich diese Studie befasst, sind Überreste zweier Palastanlagen bekannt. Die Palaststadt Gurob in Mittelägypten am Eingang zur Oase Fayum enthält auf einer Anhöhe einen schlecht erhaltenen aber ausgedehnten Gebäudekomplex, der von einer Lehmziegelmauer von 240 x 225 m eingefasst ist und zwei große Gebäude enthält. Aufgrund dort aufgefundener Papyri und weiterer Objekte wird diese Struktur oft als „Haremspalast" bezeichnet[2]. In dem einen Gebäude befanden sich Schlafräume, Badezimmer und eine große Halle, das andere diente der Logistik und dem Servicepersonal. In der umliegenden Nekropole wurden Holzstatuetten von mehreren Frauen aus der Zeit Amenhoteps III. sowie der berühmte dunkle Statuettenkopf der Königin Teje (Berlin ÄM 21834)[3] gefunden.

Ein weiterer, heute als Malqata bezeichneter Palast wurde auf dem Westufer von Theben, der heutigen Stadt Luxor in Oberägypten, für Amenhotep III. errichtet, doch scheint es sich hierbei nicht primär um einen Wohnpalast, sondern um eine für die Feierlichkeiten des Sed-Fest Jubiläums im Jahr 30 errichtete Anlage zu handeln, die nur punktuell genutzt wurde[4]. Vermutlich gab es noch weitere als Königspalast funktionierende Anlagen, die jedoch nicht erhalten sind, da auch für den Pharao Wohn- und Verwaltungsbereiche lediglich aus Lehmziegeln errichtet wurden. Es sind daher weniger Bauten als vielmehr textliche Quellen, die uns einen Einblick in die Innenräume der Paläste und insbesondere in die sozialen Strukturen des königlichen Umfelds erlauben.

Die erweiterte Königsfamilie müssen wir uns als divers und ausgedehnt vorstellen[5]: Es gehörten dazu nicht nur die „Große königliche Gemahlin" sowie weitere Königsgemahlinnen und deren Kinder, vielleicht auch die Königsmutter mit ihrer Entourage, sondern eine große Anzahl weiterer Frauen, die sich bezüglich ihrer Herkunft, ihres Status am Hof und ihrer Tätigkeitsbereiche unterschieden. Sie alle lebten, wenn auch nicht immer unter demselben Dach, so doch meist innerhalb derselben Umfriedung wie der König und hingen für ihre Versorgung vom königlichen Haushalt ab. Den Begriff der Familie müssen wir daher sehr breit fassen und letztlich sämtliche Personen miteinbeziehen, die im Umfeld eines Pharaos lebten, ob sie nun mit ihm verwandt waren oder nicht.

Auch wenn sich sehr viele Frauen in den privaten Bereichen eines altägyptischen Königs befanden, so wird die Bezeichnung „Harem" heute weitgehend ver-

2 Kemp 1978; Yoyotte et al. 2019, 565–566.

3 Bayer 2014, 88–95, Taf. 26–28.

4 Lacovara 2008.

5 O'Connor 2010; Yoyotte 2008.

mieden, da sie zu stark mit dem osmanischen Reich sowie mit den intimen Beziehungen eines Herrschers und darum gewobener Fiktionen verbunden ist.

In den Privatgemächern eines pharaonischen Palastes des Neuen Reiches oder in deren unmittelbarer Nähe lebten mehrere Generationen von Menschen beider Geschlechter. Neben den Mitgliedern der Familie im engeren Sinne gehörten dazu auch Hofdamen mit unterschiedlichen Titeln und Funktionen, ausländische Frauen und „Edeldamen“ (*šps.wt*), Musikantinnen und weitere Frauen, die primär rituelle Funktionen im Umfeld des Königs erfüllten (*ẖnr.wt, ḥsy.wt, nfr.wt; ẖkr.wt nsw*). Auch Ammen, die sich um die Aufzucht von Königskindern kümmerten, spielten eine prominente Rolle; sie genossen einen hohen sozialen Status und waren oft mit wichtigen Würdenträgern verheiratet.

Für einige dieser Personengruppen sind eigene Verwalter und Vorsteher bekannt, die sich wohl vorwiegend um die materielle Versorgung und um die Organisation der Aufgaben und rituellen Auftritte der Frauen kümmerten. Ferner wurden am Hof auch Kinder ausländischer Machthaber sowie wichtiger ägyptischer Familien großgezogen, die sich wohl mindestens teilweise unter die Königskinder mischten. All diese Personen gehörten zum privaten Umfeld eines Königs, sie bildeten eine Lebensgemeinschaft und können daher als seine erweiterte Familie gelten. Auf einige dieser Gruppen wird weiter unten näher eingegangen.

Die Organisation und Verwaltung dieser ausgedehnten Gemeinschaft muss sehr komplex gewesen sein. Wichtige Personen wie die Königsmutter oder Königsgemahlin konnten nicht nur eigene Wohnbereiche besitzen, sie verfügten auch über eigene, in einer *pr*-Institution gebündelte Ländereien und Vermögen und deren Verwalter.

Die Königsfamilie im Tal der Könige

Jüngere Ausgrabungen und Forschungen in der thebanischen Nekropole (bei der heutigen Stadt Luxor, Oberägypten) erlauben einen neuen Einblick in die Zusammensetzung und Bestattungspraktiken eines Teils dieser sozialen Gruppe der erweiterten Königsfamilie. Im Fokus steht dabei insbesondere das Tal der Könige (Abb. 1).

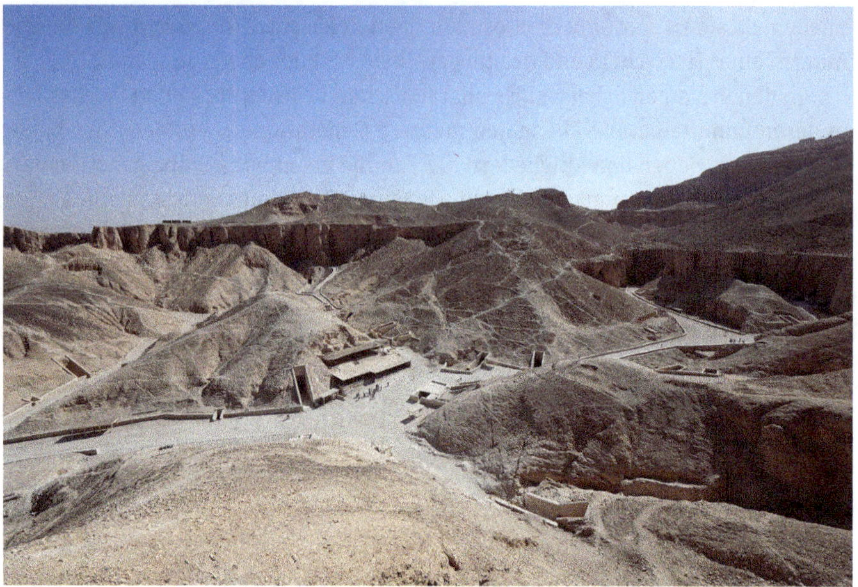

Abb. 1: Das Tal der Könige, Blick nach Süden. Foto: M. Kačičnik.

Das vom Nil und dem Fruchtland aus verborgene Wüstental im Westen der Stadt Theben diente wohl seit der Herrschaft der Pharaonin Hatschepsut als Begräbnisort praktisch aller Herrscher des Neuen Reichs (ca. 1450–1100 v.Chr.). Ihre reich mit Malerei und Relief verzierten unterirdischen Grabanlagen stellen die Integration des Königs in die Götterwelt und in den kosmischen Lauf der Sonne durch die Unterwelt dar.

Weit weniger bekannt ist die Tatsache, dass sich im Tal der Könige fast doppelt so viele kleinere Gräber befinden, die nicht für einen Pharao bestimmt waren[6]. Auch sie sind unter dem Wüstenboden angelegte Felsgräber, über eine Treppe oder, wesentlich öfter, über einen vertikalen Schacht zugänglich. Es gehört offensichtlich zur Typologie dieser Anlagen, dass ihre Wände unbearbeitet und gänzlich ohne Darstellungen und Inschriften blieben. Sie sind daher nicht nur ästhetisch wenig ansprechend und wohl deshalb auch in der Forschung wenig beachtet, sie entbehren auch jeglicher Aussage über die Epoche und die Identität der darin Bestatteten. Diesbezügliche Informationen kann nur ihre Grabausstattung liefern, die jedoch in den meisten Fällen bereits in der Antike beraubt und zerstört wurde. Allfällige Überreste wurden ferner oft durch eintretendes Regenwasser und Geröll beeinträchtigt.

---

6 Bickel 2016.

Einzig zwei dieser Grabanlagen entgingen diesem Schicksal und sind daher auch besser bekannt. 1899 entdeckte Victor Loret das Grab des Maiherperi (KV 36), eines am Königshof aufgezogenen, jung verstorbenen Mannes vermutlich nubischer Herkunft[7]. Es enthielt die vollständige Grabausstattung mit drei ineinander geschachtelten Särgen, einer Mumienmaske, einem Totenbuchpapyrus und zahlreichen Gefäßen und Utensilien. Kurze Zeit später stießen James E. Quibell und Arthur Weigall, finanziert durch Theodor Davis, 1905 auf die Grabstätte der Schwiegereltern Amenhoteps III., Yuya und Tuya (KV 46)[8]. Auch diese Anlage enthielt noch sämtliche für eine repräsentative Elitebestattung dieser Epoche vorgesehenen Gegenstände: Särge, vergoldete Masken, Papyri, Kanopen, ein Bett, Stühle, einen Streitwagen und verschiedene Arten von Gefäßen.

Einige weitere Personen konnten in Gräbern im Tal der Könige identifiziert werden. Königin Tiaa, die Gattin Amenhoteps II. und Mutter Thutmosis' IV., ist die bisher einzige sicher belegte Königsgemahlin oder Königsmutter in dieser Nekropole (KV 32)[9].

Bereits Hatschepsut ließ gleich neben ihrer Grabstätte ein kleines Grab errichten, in dem vermutlich ihre Amme Satra-In, vielleicht zusammen mit einer Sängerin namens Ty, bestattet war (KV 60)[10]. Ferner wurden zu Beginn des 20. Jahrhunderts zwei Gräber entdeckt, in denen sich einerseits die Bestattung von Userhat (KV 45)[11], anderseits diejenige von Amenemope (KV 48)[12] befanden. Unklar bleibt die Frage, ob die in KV 42 gefundenen Kanopen und weiteren Steingefäßen der königlichen Amme Senetnay und ihres Gatten Sennefer[13] ebenfalls auf eine Bestattung im Tal der Könige hinweisen. In demselben Fundkontext wurden auch Kanopenfragmente einer weiteren „Geschmückten des Königs" namens Baketra gefunden. Alle hier genannten männlichen Würdenträger besaßen allerdings in der thebanischen Elitenekropole reich dekorierte Grabkapellen[14]: Amenemope TT 29, sein Cousin Sennefer TT 96[15] und Userhat TT 56[16]. Für die bemerkenswerte Kom-

7 Daressy 1902, 1–62; Orsenigo 2016; Lakomy 2016.

8 Davis 1907; Quibell 1908.

9 Jenni, Dorn, Paulin-Grothe 2021.

10 Ryan 2010, 383–388.

11 Carter 1903, 46.

12 Davis 1908, 18.

13 Carter 1901, 197–198.

14 Dorman 1995, 141–154.

15 Zum Verwandtschaftsverhältnis von Sennefer und Amenemope Laboury 2007.

16 Dies unter der von Dorman (1995) stillschweigend vertretenen Annahme, dass der auf der Kanope aus dem Tal der Könige (heute Harvard Semitic Museum) genannte „Feldervorsteher des Amun" Userhat wirklich identisch ist mit dem „Rindervorsteher des Amun und Brotschreiber" Userhat von TT 56;

bination einer den Bedürfnissen der hohen Elite entsprechenden repräsentativen Grabkapelle und einer effektiven Bestattung in einem undekorierten Schachtgrab im Tal der Könige war die Tatsache ausschlaggebend, dass all diese Personen durch ihre eigene Kindheit oder ihren Tätigkeitsbereich aufs Engste mit der Königsfamilie, den Königskindern und dem heranwachsenden künftigen König verbunden waren. Auch die Gattinnen dieser Würdenträger gehörten als Ammen oder „Geschmückte des Königs" in das persönliche Umfeld der Herrscher. Diese Verbindung wird im Kontext jüngerer Forschung im Tal der König besonders sinnfällig.

Für seine Grablegung im Tal der Könige war für Userhat (sofern er mit dem Besitzer von TT 56 gleichzusetzen ist) gewiss von besonderer Bedeutung, dass er auch ein „Kind des *kap*", also ein am Königshof großgezogener Mann war. Ferner blieb er zeitlebens eng mit der erweiterten Königsfamilie verbunden, denn sowohl seine Gattin als auch seine Tochter waren „Geschmückte des Königs". Dieser auch als „Königsschmuck" übersetzte Titel bezeichnet Frauen, die als Hofdamen oft im Umfeld von Königinnen oder Königstöchter erscheinen.

Auch Amenemope, der südliche Wesir zur Zeit Amenhoteps II. wuchs als Sohn eines „Haremsvorstehers" vermutlich selber am Königshof auf und war ebenfalls mit einer Frau mit dem Titel „Geschmückte des Königs" verheiratet.

Undekorierte Grabanlagen im südlichen Seitental des Tals der Könige

2008 begann das University of Basel Kings' Valley Project, eine Reihe von Grabanlagen in dem von Südosten nach Nordwesten verlaufenden Seitental zu erforschen, an dessen oberem Ende, hoch über der Talsohle, das Grab Thutmosis' III. (KV 34) liegt (Abb. 2). Im oberen Bereich dieses Sektors konnte einige Jahre zuvor das Grab der Königin Tiaa identifiziert werden, und am Ausgang des Seitentals befindet sich das oben erwähnte Grab des Maiherperi. Alle weiteren Gräber waren weitgehend unerforscht[17].

Beinlich-Seeber, Abdel Ghaffar Shedid 1987, 102–108.

17 Von oben (Südosten) des Tales nach unten handelt es sich um die Gräber KV 33, KV 37, KV 32, KV 31, KV 59, KV 26, KV 30, KV 40, KV 64, KV 29, KV 61 und schließlich auf der gegenüberliegenden Seite des Haupttals KV 36.

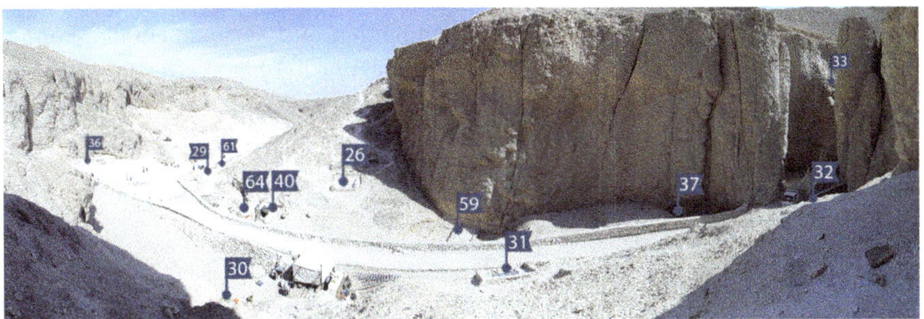

Abb. 2: Die Grabanlagen im südlichen Seitental des Tals der Könige. Foto: UBKVP.

Da mit Ausnahme des erst 2011/2012 entdeckten KV 64 all diese Grabanlagen bereits eine KV-Nummer (KV = Kings' Valley) besaßen, müssen sie im 19. oder frühen 20. Jahrhundert schon einmal geöffnet und besichtigt worden sein, doch fehlte dazu jegliche Information. Klar war lediglich, dass all diese Gräber keine Wanddekoration besitzen und somit nicht für Pharaonen vorgesehen waren. Auch weisen die unterirdischen Räume sehr unterschiedliche Größen und Dispositionen auf[18], ohne dass aus der Architektur klare Rückschlüsse auf den Status der bestatteten Personen gezogen werden können. Der Zeitpunkt ihrer Erschaffung und Nutzung wie auch die Identität der Personen, die in ihnen bestattet waren, standen im Zentrum der Forschungsinteressen des Basler Projektes.

In einem Grab, dessen Wände keinerlei Darstellungen und Inschriften enthalten, können lediglich beschriftete Beigaben auf die ursprünglichen Besitzer·innen hinweisen, doch waren gerade diese Objekte das bevorzugte Ziel von Grabräubern. Alle Grabanlagen wiesen Spuren intensiver Beraubung auf, und es wurden nur noch sehr fragmentarische Überreste der ursprünglichen Grabausstattungen vorgefunden: neben meist zerschlagenen Keramikgefäßen auch Splitter von Holzsärgen und Möbeln, Holzetiketten, Fragmente von Totenmasken und Hüllen aus Kartonage, Siegelabdrücke, Stücke von Steingefäßen...

Die größeren Mengen an erhaltenen Keramikgefäßen erlauben eine Datierung der ursprünglichen Bestattungen in diesem Sektor des Tals der Könige in die Zeit zwischen Thutmosis III. und Amenhotep III. (ca. 1479–1350), wobei die älteren Gräber mehrheitlich im oberen Teil, die jüngeren gegen Ende des Seiten-

18 Nur KV 26, KV 30, KV 32, KV 36, KV 37 und KV 61 waren für das Team des Theban Mapping Projects in den 1980er Jahren zugänglich und konnten vermessen werden: Weeks 2000; mit Plänen des University of Basel Kings' Valley Project ergänzt: https://thebanmappingproject.com (letzter Zugriff: 20.6.2023).

tals liegen[19]. Anhand von Bruchstücken von Särgen und Kartonagehüllen konnte zudem in mehreren Grabanlagen eine zweite Nutzung der Räume für Bestattungen der 22. bis 25. Dynastie (ca. 940–700 v.Chr.) festgestellt werden, – ein Phänomen, das im Tal der Könige auch außerhalb des Seitentals mehrfach belegt ist.

KV 40 – ein Familiengrab

Das Grab KV 40 liegt am Fuß der Ostflanke am unteren Ende des Seitentals. Seine Position ist seit dem Ende des 19. Jahrhunderts auf Karten eingezeichnet und war noch 2010 als leichte Senke im Wüstenboden erkennbar. Doch liegen auch für diese Anlage keinerlei Angaben zur Entdeckung oder früheren Beobachtungen vor, obwohl mehrere namhafte Archäologen wie Victor Loret (1898–1899) und Howard Carter (1900 und erneut 1921) in der nahen Umgebung tätig waren.

Ein ca. fünf Meter tiefer Schacht (A) führt zu einem gut vier Meter langen Korridor (B), der sich in einen großen, zentralen Raum (C, ca. 3,5 x 8,1 x 2,0 m) öffnet, von dessen Nordseite eine weitere Kammer, von der Südseite zwei Nebenräume abgehen (Abb. 3).

Schacht und Korridor waren weitgehend mit Schutt und Sand verfüllt, alle inneren Räume hingegen waren bis auf eine Höhe von ca. 30 cm bedeckt mit dicht durchmischten, verrußten Fragmenten unterschiedlicher Objektgattungen und menschlicher Überreste (Abb. 4).

Im Laufe der mehrjährigen Bearbeitung dieses Befundes wurden die Innenräume sektorweise und teils in mehreren Abhüben freigelegt und die verschiedenen Fragmente der Grabausstattungen nach Objektgattung sortiert. Sehr schnell wurde klar ersichtlich, dass auch dieses Grab sowohl in der 18. Dynastie als auch etwa 500 Jahre später erneut in der 22. bis 25. Dynastie für Bestattungen genutzt wurde.

Der fragmentarische, verkohlte und verrußte Zustand des Befundes rührte eindeutig von der Aktivität von Grabräubern her. Die archäologische Situation lässt den Schluss zu, dass das Grab sogar zweimal Opfer von Beraubung wurde, einmal vor der 22. Dynastie und demnach mit Sicherheit im Zuge der systematischen Plünderung des Tals der Könige in der 21. Dynastie (um 1000 v.Chr.)[20] und ein weiteres Mal in moderner Zeit, als die Särge der zweiten Nutzungsphase entfernt und die Kartonagehüllen der Mumien aufgebrochen wurden, um an den auf den Körpern befind-

19 Die Keramik wurde von David Aston bearbeitet.
20 Taylor 1992; Bickel 2020.

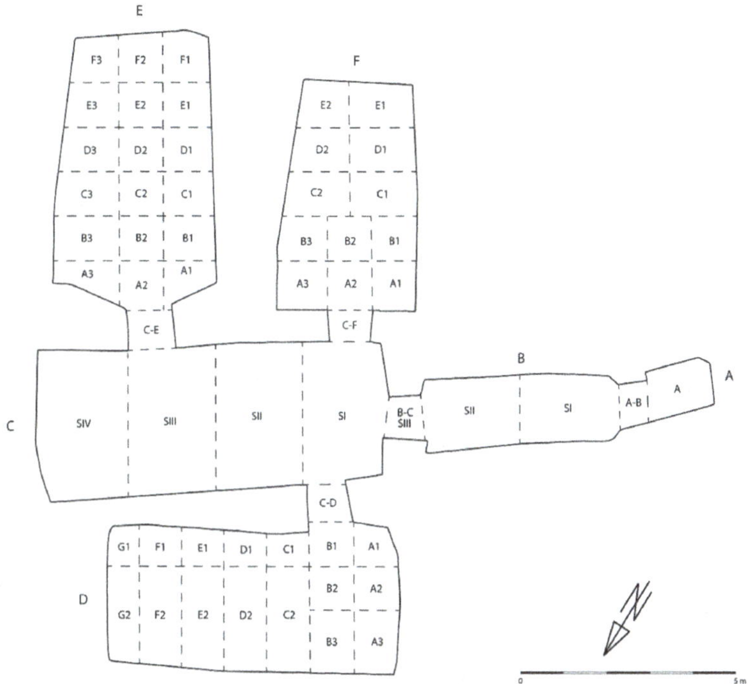

Abb. 3: Grundriss des Grabes KV 4. Aufnahme: Tanja Alsheimer, Lukas Richner.

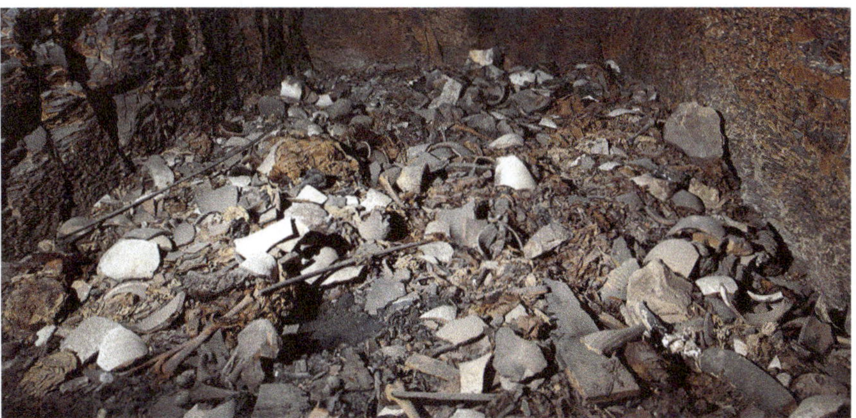

Abb. 4: Grab KV 40, Blick auf die Fundsituation in der Seitenkammer E. Foto: M. Kačičnik.

lichen Schmuck zu gelangen. Einer antik und modern belegten Grabräuberpraxis folgend wurde nach beiden Beraubungen Feuer gelegt, was sowohl die zurückgelassenen Fragmente der Grabausstattungen und Mumien beeinträchtigte, als auch die ursprünglich weißen Kalksteinwände weitgehend schwärzte (Abb. 5).

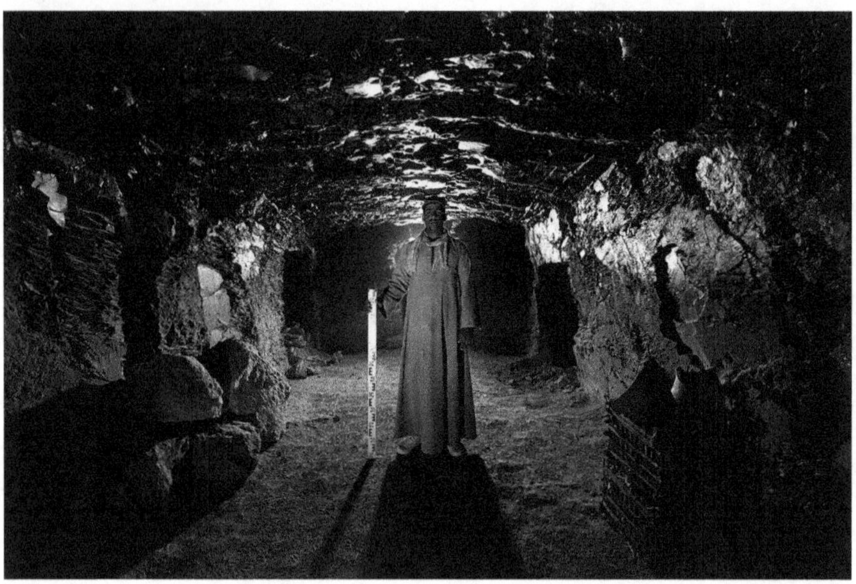

Abb. 5: Blick in den zentralen Bereich (Raum C) von KV 40 mit von den Feuern geschwärzten Wänden und Decke. Foto: M. Kačičnik.

Die menschlichen Überreste befanden sich in unterschiedlichem Erhaltungszustand, von Mumienteilen mit oder ohne erhaltene Leinenbandagen bis zu einzelnen Knochen. Eine Analyse dieses Befundes ergab eine Mindestanzahl von 83 bestatteten Individuen aller Altersgruppen, davon eine deutliche Mehrheit Frauen[21].

Bisher ist nicht genau bestimmbar, wie viele dieser 83 Personen der älteren und wie viele der jüngeren Nutzungsphase des Grabes zugewiesen werden können. Die genauere Untersuchung des Fundmaterials lieferte jedoch einige Anhaltspunkte sowohl zur Anzahl als auch zur Identität der in der 18. Dynastie hier zur Ruhe

21 Meyer et al. 2020.

gelegten Menschen. Im Folgenden wird lediglich auf diese erste Nutzungsphase im Neuen Reich eingegangen[22].

Die Objektkategorie, die den besten Einblick in die ursprüngliche Bestattungsgemeinschaft von KV 40 gewährt, ist die Keramik, respektive deren Beschriftung. Keramikscherben stellten innerhalb des äußerst reichhaltigen Befundes die mengenmäßig größte Materialgruppe dar[23]. In einem ersten Schritt wurden sämtliche Scherben außerhalb des Grabes auf einer Fläche ausgelegt und sehr grob nach Beschaffenheit und Aussehen sortiert (Abb. 6).

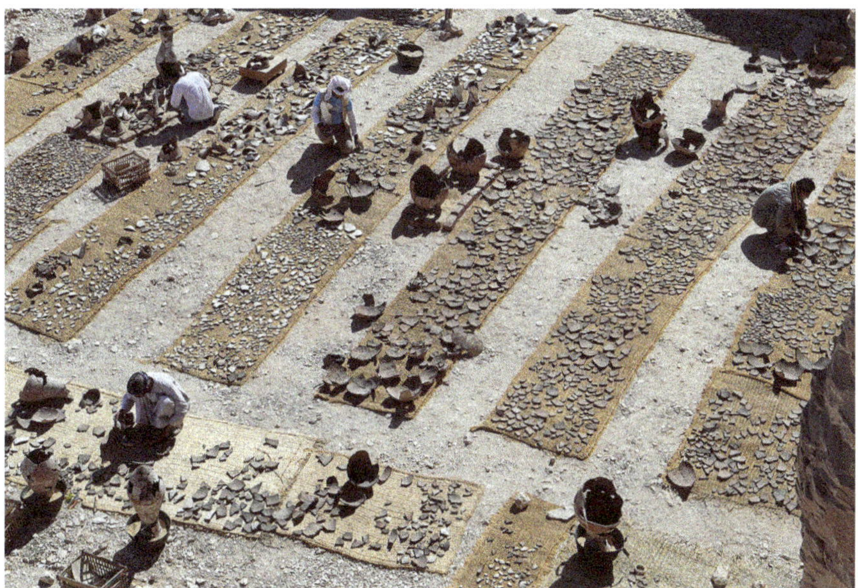

Abb. 6: Der „Scherbengarten" von KV 40. Foto: M. Kačičnik.

Während mehrerer Arbeitskampagnen wurde diese beachtliche Quantität an Scherben von einem äußerst begabten Team lokaler Mitarbeiter[24] sortiert und die einzelnen Keramikformen sukzessive zusammengebaut und geklebt.

22 Die Bestattungen der Dritten Zwischenzeit werden als Band 2.3 in der Reihe Swiss Egyptological Studies vorgestellt.

23 Viele der im Folgenden präsentierten Resultate basieren auf dem intensiven Austausch mit den Mitgliedern des Teams, insbesondere Elina Paulin-Grothe, Abdelhamid Othman Taia, Faried Adrom, Hubertus Münch, Erico Peintner, David Aston, Charlotte Hunkeler und Lukas Richner.

24 Insbesondere Abdelhamid Othman Taia, Abdelrahim Othman Taia, El-Asab Taia Othman,

So konnten neben sehr viel Essgeschirr – Tellern, Bechern, Schalen – auch mindestens 152 große Gefäße von einer Höhe von 65–80 cm rekonstruiert werden, von denen knapp 100 noch Spuren einer Aufschrift enthielten (Abb. 7a–c). Gefäße mit Aufschriften sind aus dem Tal der Könige und anderen Nekropolen verschiedentlich belegt. Bei größeren Behältern handelt es sich meist um Weinkrüge, deren Aufschriften das Datum der Ernte, den Weinberg und Winzer vermerken, wie dies etwa aus dem Grab Tutanchamuns, Sethos' I. und anderer belegt ist. Kleinere Gefäße dienten der Aufnahme von Öl oder Honig und waren entsprechend beschriftet.

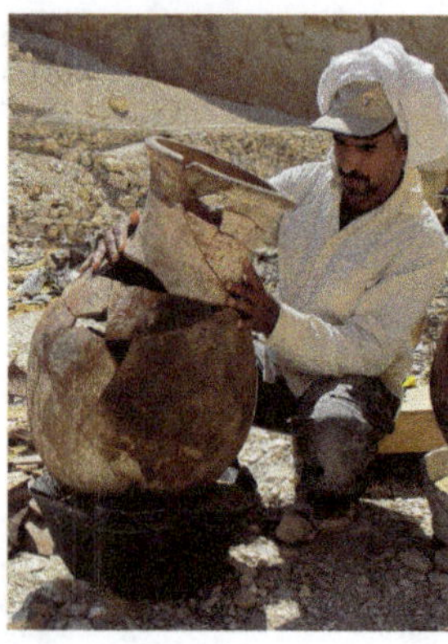
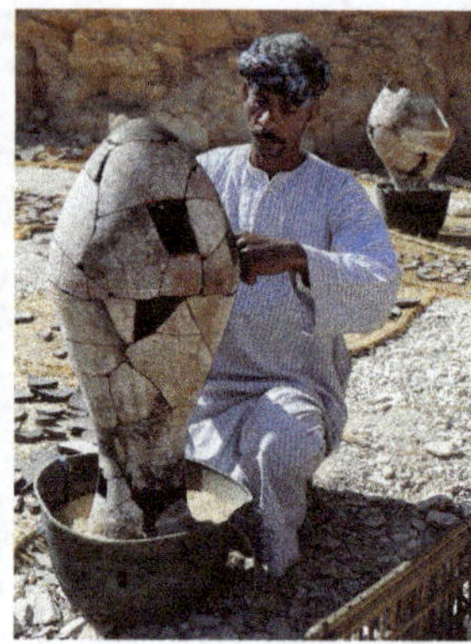
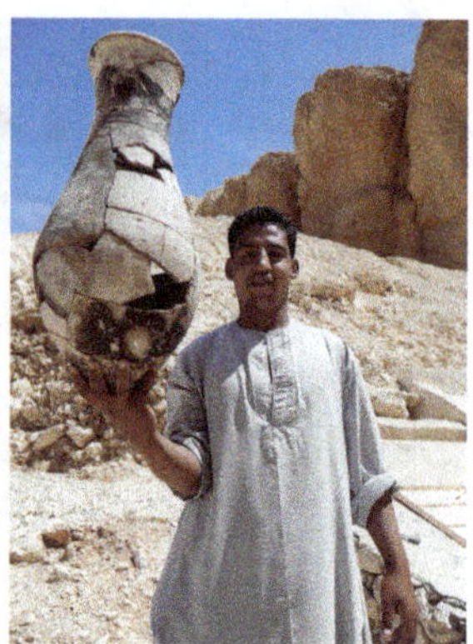

Abb. 7a–c: Ägyptische Mitarbeiter mit von ihnen rekonstruierten Gefäßen aus KV 40. Foto: M. Kačičnik.

Bei den Gefäßen aus KV 40 handelt es sich jedoch nicht um Behälter, mit denen den Verstorbenen Nahrungsvorräte mit ins Grab gegeben wurden, sondern, wie weiter unten gezeigt werden soll, um Objekte, die in Zusammenhang mit Bestattungsritualen eingesetzt wurden. Die Aufschriften auf den Gefäßen von KV 40 bestehen meist aus einer oder zwei kurzen Zeilen in hieratischer Schrift. Es wurde vorwiegend schwarze Farbe verwendet, doch gelegentlich auch gelb, eine Farbe, die nur sehr selten für hieratische Texte verwendet wird.

Der Inhalt der Aufschriften besteht primär aus Eigennamen, oft mit einem vorangestellten Titel. Es ist davon auszugehen, dass Titel und Namen auf die hier bestatteten Personen verweisen. Die Gefäße liefern somit wichtige Informationen zur Identität der Menschen, für die das Grab errichtet wurde. Oft sind mehrere beschriftete Gefäße für dieselbe Person belegt, bis zu sieben Stück. Ob ursprünglich

---

Mohamed Gaber Mohamed.

jeder Person ungefähr dieselbe Anzahl Krüge mitgegeben wurde, kann bei dem sehr fragmentarischen Erhaltungszustand nicht mehr eruiert werden.

Eine zweite für die Identifikation der Bestattungsgemeinschaft von KV 40 ausschlaggebende Objektkategorie sind kleine Holztäfelchen mit kurzen Aufschriften von Namen und Titeln. 24 solcher 5–12 cm hoher und wenige Millimeter starker Täfelchen konnten geborgen werden, von denen 20 noch eine Inschrift aufweisen, die entweder in schwarzer Farbe hieratisch oder in eingeritzten, gelegentlich mit grün-blauer Farbpaste gefüllten Hieroglyphen beschrieben sind (Abb. 8, 10 und 14)[25]. Durch eine Bohrung im oberen Teil waren die meisten dieser Täfelchen ursprünglich mit einer Schnur an Grabbeigaben wie z.B. Textilien oder Möbel befestigt. Ihre Aufschriften verweisen zum Teil auf dieselben Personen wie die Gefäßaufschriften.

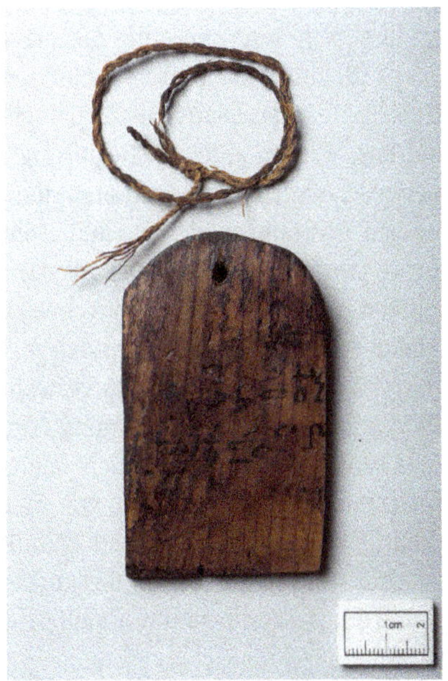

Abb. 8: Beschriftetes Holztäfelchen mit Schnur. Foto: M. Kačičnik.

25 Adrom 2021. Sechs weitere zu diesem Konvolut gehörige Täfelchen konnten kürzlich in der Bibliothèque nationale et universitaire in Strasbourg identifiziert werden, Bickel, Donnat, Smet im Druck.

Über diese beiden Objektkategorien – große Keramikgefäße und Holztäfelchen – können insgesamt 32 Personen namentlich identifiziert werden. Ihre Titel erlauben auch eine Einordnung ihrer sozialen Zugehörigkeit und belegen folgende Personengruppen:

- 14 Frauen mit dem Titel „Königstochter“, wobei es sich bei einer um eine Enkelin des Königs, die Tochter eines Königssohnes handelt
- 2 Frauen mit dem Titel „die Edle/Edelfrau“
- 1 Frau mit dem Titel „Geschmückte des Königs“
- 9 Frauen ohne Titel
- 6 Männernamen mit dem Titel „Königssohn“

Die Titel der in KV 40 bestatteten Personen verweisen eindeutig auf das Umfeld des Herrschers, zu dem mit großer Wahrscheinlichkeit auch die Frauen ohne Titel gehörten. Keine dieser namentlich belegten Personen ist bisher über andere Objekte oder Nennungen bekannt.

Der zeitliche Rahmen dieser Bestattungen lässt sich aufgrund eines Siegelabdrucks mit der kompletten Kartusche Amenhoteps III. und weiterer fragmentarisch erhaltener Namen dieses Herrschers bestimmen. Ferner weisen auch die Typologie der Keramik und ein auf Inschriften festgehaltenes Datum eines 25. Regierungsjahres eindeutig in die Regierungszeit dieses Herrschers. Es ist zu vermuten, dass diese mindestens 32 Personen über einen gewissen Zeitraum sukzessive in diesem Grab bestattet wurden, mutmaßlich über mehrere Jahre um das 25. Regierungsjahr Amenhoteps III. Ob es sich bei den Königstöchtern und Königssöhnen durchwegs um Kinder Amenhoteps III. handelte oder vielleicht auch um Nachfahren der vorherigen Könige, kann nicht mit Sicherheit ermittelt werden, solange die angestrebten DNA-Analysen nicht vorliegen. Für die Königssöhne ist eine Abstammung vom regierenden Pharao durchaus anzunehmen, da Männer diesen Titel nicht mehr trugen, sobald einer ihrer Brüder zum neuen Herrscher gekrönt worden war. Der Titel Königstochter hingegen wurde vermutlich lebenslang getragen und könnte somit durchaus auch Damen fortgeschrittenen Alters und somit Töchter des vorherigen Herrschers Thutmosis' IV. bezeichnen. Allerdings hätten sie dann vielleicht auch den Titel einer Königsschwester führen können.

Im Befund von KV 40 befinden sich mehrere sehr sorgfältig mumifizierte Kleinkinder (zwischen Geburt und dreijährig)[26]. Dieser für Kleinkinder ungewöhnliche Aufwand könnte ebenfalls in den Bereich der Königsfamilie deuten, doch kann bislang leider nicht bestätigt werden, dass auch sie zu den Bestattungen der 18. Dynastie gehören. Auch ist unbekannt, ab welchem Alter und durch wen ein

26 Meyer et al. 2020.

Kind den Titel und Status eines königlichen Nachkommens erhielt. Geschah dies bei der Geburt und primär über den Status der Mutter oder bedurfte es dafür einer Anerkennung durch den König und vielleicht einer Zeremonie, die auch erst nach der Phase der sehr hohen Kindersterblichkeit in einem Alter von 3–5 Jahren hätte durchgeführt werden können?

Die Identifikation der Bestatteten über ihre Eigennamen zeigt auf ein markantes Ungleichgewicht von weiblichen und männlichen Personen. Während sich unter den 26 Frauen unterschiedliche soziale Gruppen abzeichnen, sind alle sechs männlichen Namen mit dem Titel „Königssohn" verbunden.

Beispiel 1 (Abb. 9a–b)

„Regierungsjahr 25, dritter Monat der Schemu-Jahreszeit...

[2] Königssohn... (gelb:) Mer-Montu"

In dieser Aufschrift tritt das für die chronologische Situierung des Befundes von KV 40 wichtige Datum am vollständigsten auf, nur die Angabe des Tages ist nicht mehr erhalten. Aus dem Kontext ist zu vermuten, dass sich dieses Datum auf den Tag der Bestattung des Prinzen bezieht.

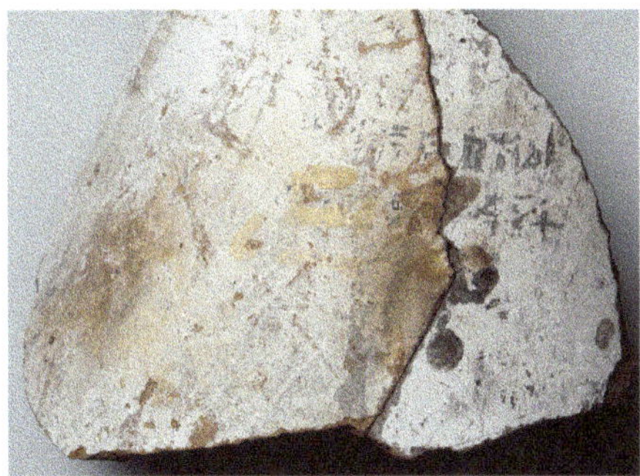

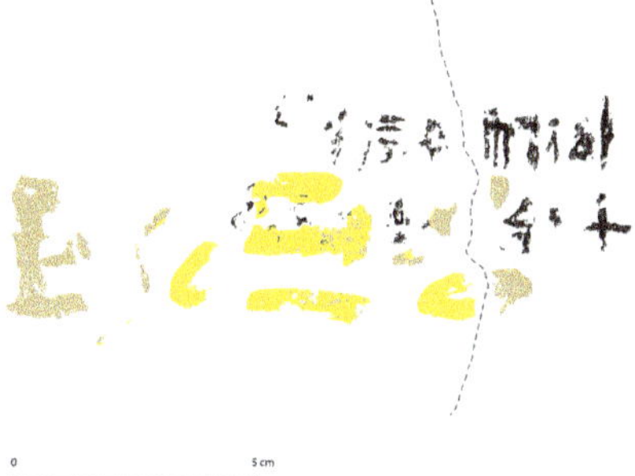

Abb. 9a–b: Eine Gefäßaufschrift für den Königssohn Mer-Montu aus dem 25. Regierungsjahr. Foto: M. Kačičnik.

An diesem Beispiel ist auch zu erkennen, dass das Gefäß zweimal beschriftet wurde: in einer ersten Phase mit Datum und Name in schwarzer Farbe. In einer zweiten Phase wurde nur der Name mit großen gelben Schriftzeichen festgehalten. Auf die sukzessiven Beschriftungsphasen wird weiter unten genauer eingegangen.

Für Mer-Montu sind auch zwei etwa 5cm hohe Holztäfelchen erhalten, bei denen jeweils der Titel auf der einen Seite, der Name auf der andern eingeritzt wurde (Abb. 10a–b).

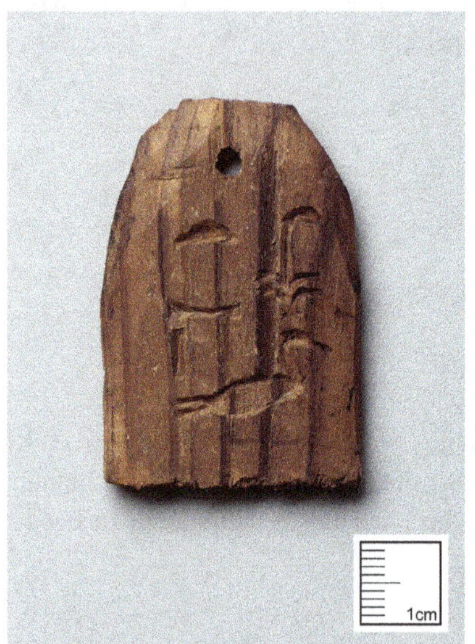

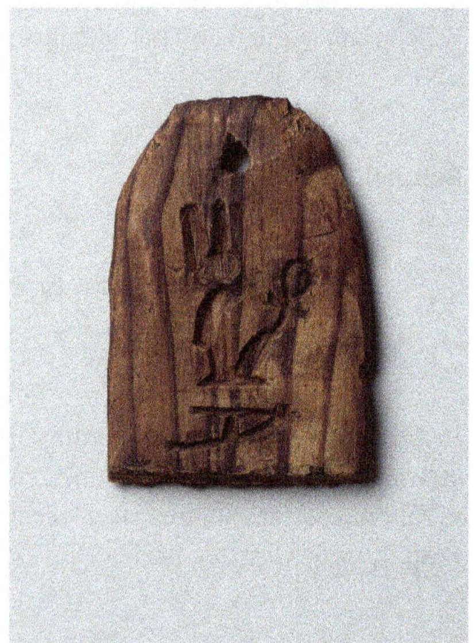

Abb. 10a–b: Ein beidseitig beschriftetes Holztäfelchen für den Königssohn Mer-Montu. Foto: M. Kačičnik.

Beipiel 2 (Abb. 11)

„Der Königssohn Mer-taui"

Auch in dieser Aufschrift erscheint die Kombination der beiden Farben Schwarz und Gelb deutlich, hier allerdings in derselben finalen Beschriftungsphase. Nach dem Titel wurde der erste Teil des Namens mit wesentlich größeren Zeichen in Gelb geschrieben, wobei dafür extra viel Platz frei gelassen wurde. Vermutlich sollte der Aufschrift so ein gewisses ästhetisches Gewicht verliehen werden.

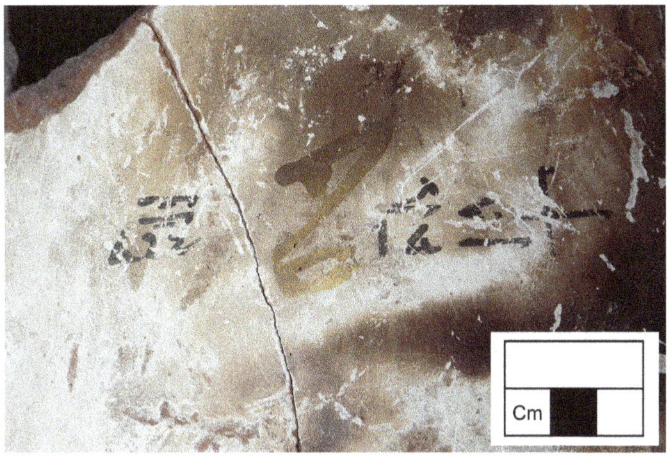

Abb. 11: Eine zweifarbige Gefäßaufschrift für den Königssohn Mer-taui. Foto: M. Kačičnik.

Die Namen der über die Keramikgefäße und Holztäfelchen belegten Frauen weisen einige Besonderheiten auf[27]. Neben in der 18. Dynastie und zum Teil spezifisch im königlichen Umfeld gut belegten Namen wie Nefertari, Satjah oder Taemwadjes treten auch für die Epoche ebenfalls typische Kurznamen auf. Andere sind selten belegt oder bislang gänzlich unbekannt, darunter auch einige erstaunliche Nennungen, die eher wie ad hoc zum Zeitpunkt des Todes formulierte Bezeichnungen wirken: „Die bei der Balsamierungsstätte Halt macht" (*Ḫn-m-ꜥ-pr-nfr*), „Die sich mit dem Wasser vereinigte" (*H̱nm.t-mw*), „Die Schönheit des (Totengottes) Sokar" (*Nfr.w Skr*), vielleicht auch „Die im Himmel erschien" (*Ḫꜥ.t-m-tꜣ-p.t*).

Eine weitere Kategorie bilden schließlich die fremdländischen Namen, die aufgrund ihrer Sprache und/oder durch eine spezifische Hieroglyphe als solche gekennzeichnet sind.

Die folgenden Beispiele stellen einige der Gefäßaufschriften und Holzetiketten der unterschiedlichen Gruppen von Frauen und allfällige besondere Merkmale kurz vor[28].

27 Bickel 2021, 30–35.

28 Für Einzelheiten s. Bickel 2021, 104–247; zu den Holztäfelchen Adrom 2021.

Beispiel 3 (Abb. 12)

„Königstochter Neferu-Nebu aus dem Haus der Königskinder“

Von dieser Königstochter sind zwei Gefäße mit Aufschrift belegt.

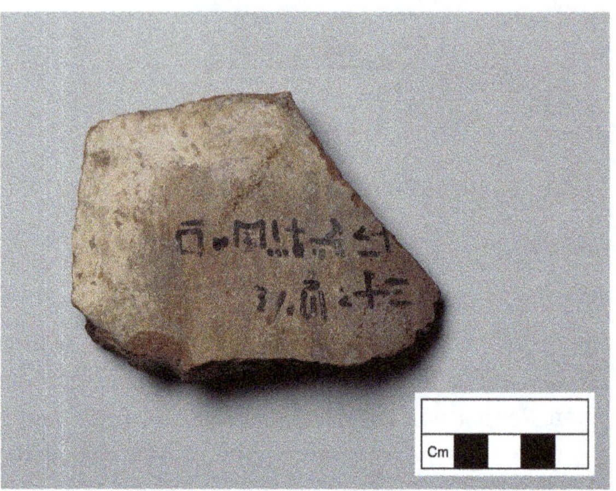

Abb. 12: Scherbe eines Gefäßes für die „Königstochter Neferu-Nebu aus dem Haus der Königskinder“. Foto: M. Kačičnik.

Fünf der 14 Königstöchter werden mit dem „Haus der Königskinder“ in Verbindung gebracht. Dieser Zusatz „aus dem Haus der Königskinder“ tritt nur bei Königstöchtern auf und scheint einige unter ihnen speziell hervorzuheben. Es handelt sich dabei nicht, wie gelegentlich angenommen, um die königliche Kinderstube, sondern um eine Institution (äg. *pr*–Haus), die für die wirtschaftliche Versorgung der ihr angeschlossenen Frauen zuständig war. Diese Institution ist Adolf Erman als Erstem aufgefallen und er widmete ihr bereits 1893 eine Miszelle[29]. Obwohl die Belege dazu heute zahlreicher sind, bleibt die genaue Funktion und Tragweite dieser administrativen Einheit weitgehend unklar.

29 Erman 1893.

Beispiel 4 (Abb. 13a–c)

„Königstochter Sachmet aus dem Haus der Königskinder"

Von dieser Königstochter sind mindestens vier Gefäße mit Aufschrift belegt, sie wird auch auf einem Holztäfelchen genannt, das sich heute in Strasbourg befindet[30]. Auch sie gehört zur Institution der Königskinder. Sie trägt den Namen einer Göttin, der löwenköpfigen Sachmet, die gemäß dem Mythos sowohl Krankheit als auch Heilung brachte und in der Zeit Amenhoteps III. eine besonders wichtige Rolle spielte, wie die vielen Hundert Sachmet-Statuen beweisen, die in seinem Totenkulttempel in Theben aufgestellt waren[31].

An diesem Beispiel werden die oben erwähnten zwei Beschriftungsphasen deutlich: auf der einen Scherbe waren nur wenige Zeichen zu erkennen, die Aufschrift verschwand unter zwei Lagen eines weißen Anstrichs. Die angrenzende Scherbe war gänzlich weiß, und nur die Freilegung durch den Konservator konnte die ganze Aufschrift lesbar machen. Dieser Vermerk wurde demnach offensichtlich übermalt.

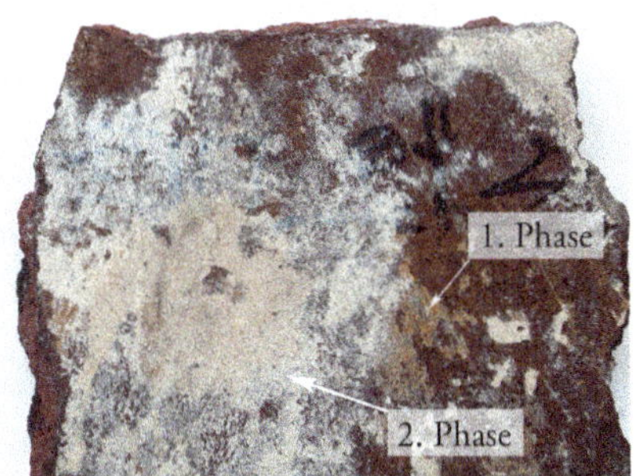

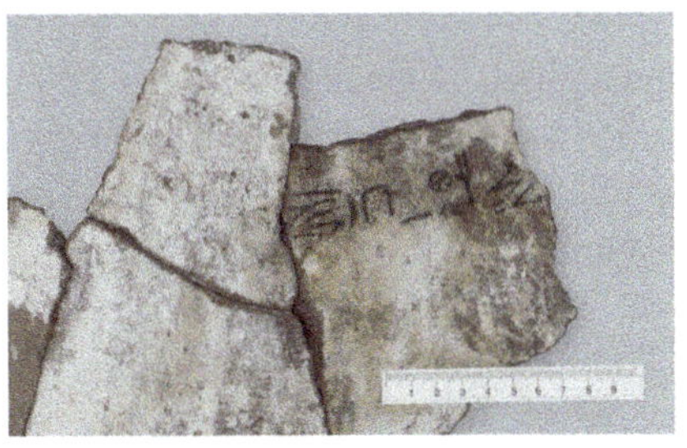

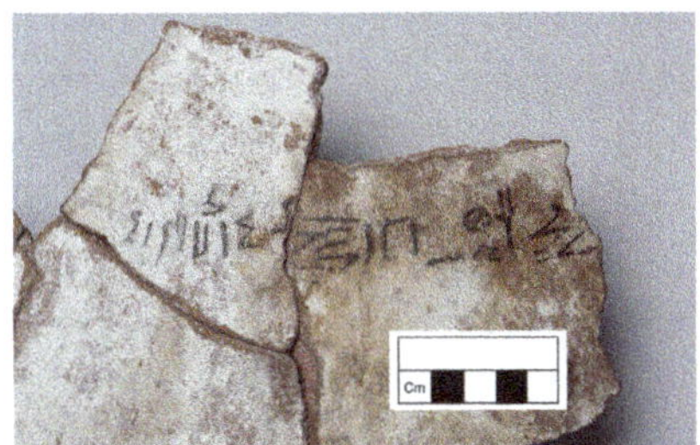

Abb. 13a–c: Übertünchte Gefäßaufschrift für die Königstochter Sachmet. Foto: M. Kačičnik.

30 Bickel, Donnat, Smet, im Druck.
31 Connor 2017; Yoyotte 1980.

Beispiel 5 (Abb. 14a–b)

„Geschmückte des Königs Tuiay“ Rückseite: „Man nennt sie: Anu-neb-neheh“

Eine einzige Hofdame mit dem Titel „Geschmückte des Königs“ ist im Konvolut von KV 40 belegt, sowohl auf drei Gefäßen als auch auf zwei Holztäfelchen. Auf einem dieser Täfelchen wird auf der Rückseite ihr Zweitname festgehalten, der auf eine unbekannte Gottheit Anu als „Herr der Ewigkeit“ verweist.

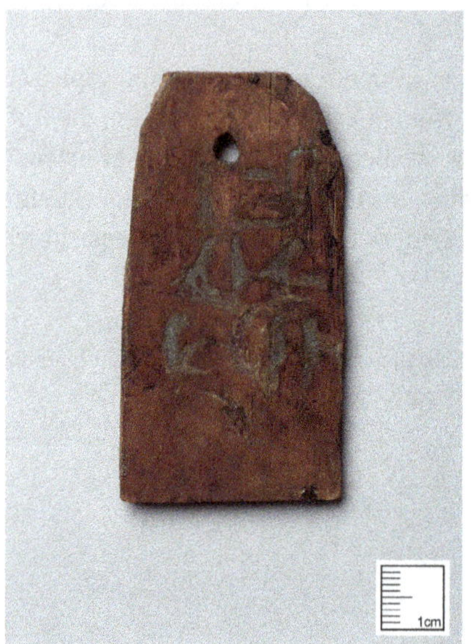

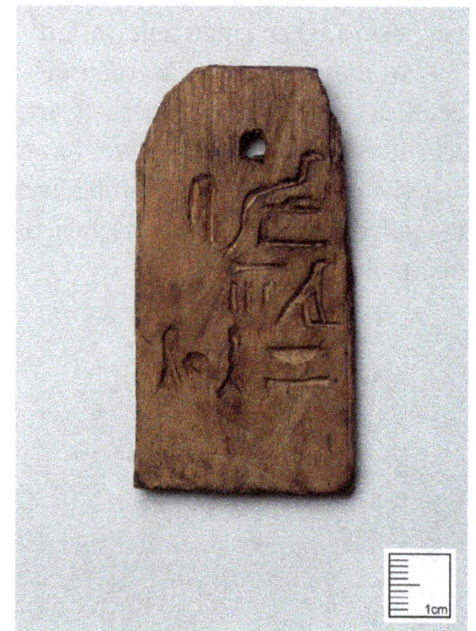

Abb. 14a–b: Holztäfelchen für die „Geschmückte des Königs Tuiay“. Foto: M. Kačičnik.

Wie erwähnt, tragen mehrere Frauen fremdländische Namen, zwei unter ihnen auch den Titel „Die Edle“, *šps.t*. Die eine trägt den Namen der westsemitischen Göttin Anat, die andere den ebenfalls fremdländischen Namen Roy-wa[32]. Eine Dritte, ebenfalls über Gefäßaufschriften und ein Holzetikett belegte Frau trägt eine westsemitische Bezeichnung und ein Beiwort, die sie als Tochter aus einem Fürstenhaus des Nahen Ostens kennzeichnen: „Bint-nāšî (die Tochter des Fürsten) aus

32 Der Name wurde in Bickel (2021) als Roy gelesen, doch belegt ein Holztäfelchen in Strasbourg nun eindeutig den Namen Roy-wa.

dem Palast“. Ferner sind ein weiterer westsemitischer Name Antirama sowie eine „Nubierin Naytawascha“ belegt. Auch wenn im Allgemeinen ein fremder Name nicht automatisch als Hinweis auf fremdländischen Ursprung der Person gedeutet werden kann, so deuten im Kontext des Hofes Amenhoteps III. vermutlich sogar einige Namen, die nicht durch eine Hieroglyphe als fremdländisch ausgewiesen werden auf eine ausländische Herkunft der Frauen hin.

Beispiel 6 (Abb. 15a–b)

„Tatjuia“

Sieben große Gefäße tragen lediglich den Namen Tatjuia, ohne Titel. Dieser Name verweist ebenfalls in das Gebiet von Nubien und heißt in der Sprache der nomadischen Bedauye etwa „die Hochmütige“. Er ist in Ägypten nur sehr selten belegt, tritt aber zu Beginn der Regierungszeit Thutmosis’ IV. als Name der Mutter eines Mannes auf, der als „Kind des *kap*“ erzogen und später als „Domänenvorsteher des königlichen Privatbereichs der Königsgemahlin“, „Großer im Königshaus“ und „Vorsteher der nubischen Festungen“ wichtige Ämter am Hof und in der nubischen, später auch levantinischen Außenpolitik innehatte. Ob es sich bei der Tatjuia von KV 40 um diese Frau handelt oder eventuell um eine jüngere Frau dieser Familie mit enger Verbindung zum Königshaus, bleibt unbekannt.

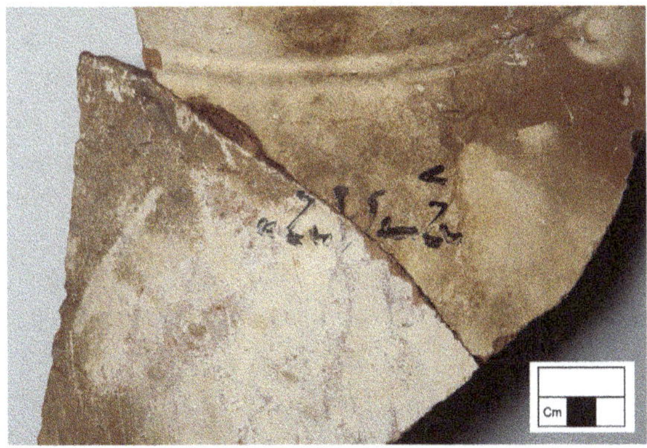

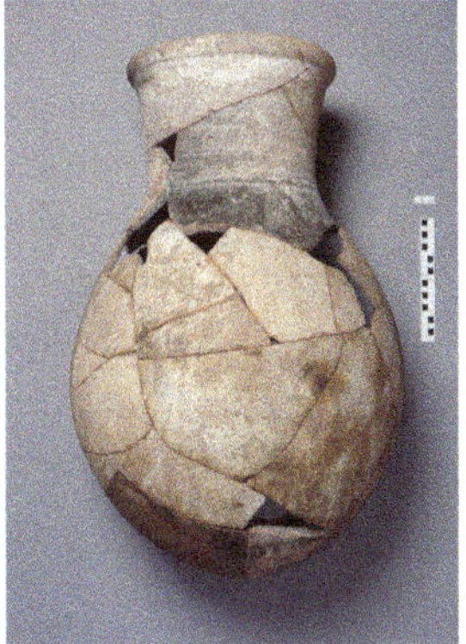

Abb. 15a–b: Gefäße für Tatjuia. Foto: M. Kačičnik.

Auch die Bezeichnung „die Herrin von Punt“, die ägyptisch nur als Beiwort von Göttinnen, nicht aber als Eigenname bekannt ist, könnte darauf hindeuten, dass eine Dame mit drei beschrifteten Gefäßen aus einer fernen, mit dem Weihrauchland Punt assoziierten Gegend, vielleicht im Bereich Djibouti, Somalia oder Jemen, stammt.

Ausländerinnen am Königshof

Spätestens seit Beginn der ägyptischen Expansionspolitik der frühen 18. Dynastie spielten ausländische Frauen am Hof der Pharaonen eine Rolle. Frauen hoher Abstammung wurden als Garantinnen politischer Abkommen nach Ägypten entsandt, wo sie oft den Titel einer „königlichen Gemahlin“ erhielten. Besonders berühmt sind die drei ausländischen Gattinnen Thutmosis' III., deren reiche Grabausstattung in einem der südlichen Seitentäler der thebanischen Nekropole gefunden wurde[33]. Ihre westsemitischen Namen deuten auf eine Herkunft aus dem levantinischen Raum hin, auf den sich auch ein Großteil der militärischen Kampagnen Thutmosis' III. konzentrierten. So wird in seinen Kriegsannalen im Tempel von Karnak einmal vermerkt, dass sich unter den Tributen aus diesem Gebiet „die Tochter des Herrschers mit ihrer Ausstattung an Gold und Lapislazuli aus ihrem Land sowie 30 Begleitern, Dienerinnen und Dienern“ befand.

Abertausende Personen wurden während dieser Epoche aus dem Nahen Osten und Nubien nach Ägypten deportiert und als Arbeiterinnen und Arbeiter in die großen Produktionsstätten der Tempel oder in andere Bereiche der ägyptischen Gesellschaft integriert[34]. Darunter befanden sich auch Kinder und sogar solche aus den jeweiligen Herrscherschichten, so genannte „Kinder der Großen“ (*ms.w wr.w*), die ihrerseits als Beute erachtet und in Tempelwerkstätten angesiedelt wurden[35].

Andere Abkömmlinge ausländischer Herrscherhäuser, die ebenfalls als „die Kinder der Großen“ bezeichnet werden konnten, gelangten an den Hof. Jungen wurden in die königliche Erziehungsstätte eingegliedert und genossen dort eine Ausbildung zusammen mit den Königssöhnen und ausgewählten ägyptischen Knaben, den „Kindern des *kap*“. Anschließend wurden sie entweder in leitende Positionen in ihre Herkunftsgegenden geschickt oder machten in Ägypten selbst

33 Lilyquist 2003.

34 Langer 2021.

35 Matić 2014; Feucht 1990, 196–204.

Karriere. Weibliche „Kinder der Großen“ kamen in die Frauengemächer und erfüllten rituelle Aufgaben im Umfeld des Pharaos (siehe unten).

Nur ganz wenige ausländische Frauen erhielten den zweithöchsten möglichen Status einer „königlichen Gemahlin“, von denen es in jeder Regierungszeit mehrere gab und die deutlich niedriger gestellt waren als die „Große königliche Gemahlin“. Vermutlich stammten diese Frauen meist nicht aus den kleineren ausländischen Herrscherhäusern, die Ägypten unterstellt waren oder Vasallenstatus hatten, sondern aus solchen, die Ägypten ebenbürtig waren und mit denen diplomatische Abkommen und Bündnisse bestanden, insbesondere Mittani (Nordsyrien), Babylon, Assyrien und unter Ramses II. auch Hatti in Anatolien. Diese ausländischen Königinnen besiegelten die guten Beziehungen der großen Herrscherhäuser und fungierten als Botschafterinnen ihrer Herkunftsgebiete indem sie deren Delegationen in Ägypten empfingen.

In der 37-jährigen Regierungszeit Amenhoteps III. sind mindestens sechs diplomatische Ehen mit Töchtern wichtiger Herrscherhäuser des Nahen Ostens belegt[36]. Langwierige Verhandlungen konnten diesen Abkommen vorangehen. Als Gegengabe sandte der Pharao äußerst wertvolle Geschenke an den verbündeten Herrscher, für eine Entsendung einer ägyptischen Königstochter an einen ausländischen Hof liegen jedoch keinerlei Hinweise vor.

Für zwei der ausländischen Gemahlinnen Amenhoteps III. ist auch bekannt, mit welcher Suite sie nach Ägypten kamen: so soll die Mitanni-Prinzessin Giluhepa mit 317 der auserlesensten Frauen ihrer Heimat angereist sein[37], ihre Nichte Taduhepa einige Jahre später mit 270 Frauen und 30 Männern[38]. Auch wenn über den weiteren Verbleib dieser Personen nichts bekannt ist, so kann doch vermutet werden, dass zumindest einige unter ihnen im Umfeld der Königinnen blieben und als titellose Frauen oder unter der Gruppenbezeichnung „Kinder der (ausländischen) Großen“ in die weibliche Hofgesellschaft integriert waren (Tab. 1).

36 Roth 2002, 89–90.

37 van Blankenberg 1967, 78–79 und Taf. 13.

38 EA 25, Moran 1992, 81.

Weitere Bestattungen der Königsfamilie Amenhoteps III. in Theben

Dieser sehr ausgedehnte Kreis der Hofgesellschaft und erweiterten Königsfamilie musste nicht nur unterhalten und ernährt, sondern auch bestattet werden. Sehr wenig ist bisher sowohl über den Verbleib der Bestattungen dieses Personenkreises als auch über die Organisation dieser Grablegungen und die ihnen zugrunde liegenden Konzepte und Traditionen bekannt. Für die „Große königliche Gemahlin" scheint fast jeder Pharao einen neuen Standort ausgewählt zu haben: Thutmosis II. ließ seiner Hauptgemahlin Hatschepsut ein Grab in einem der südlichen Täler der thebanischen Nekropole errichten, Thutmosis III. sah für Hatschepsut-Merytre wohl eines der Gräber unmittelbar in der Nähe seines eigenen Grabes im Tal der König vor[39], und auch Tiaa, die Gattin Amenhoteps II., ist in diesem Bereich des Tals in KV 32 bestattet. Über die Ruhestätte von Mutemuja, der Gattin Thutmosis' IV. und Mutter Amenhoteps III., ist nichts Sicheres bekannt. Letzterer wiederum sah für die ihn überlebende Teje eine Kammer in seinem eigenen Grab KV 20 im Westtal des Tals der Könige vor[40]. Für diese Frauen war offensichtlich, wie für die Könige, das Westufer von Theben und insbesondere die unmittelbare Nachbarschaft der jeweiligen Königsgräber die vorgesehene Lokalisation.

Sehr wenig ist hingegen über die wesentlich größere Gruppe der weiteren „königlichen Gemahlinnen" sowie über die Königssöhne und Königstöchter bekannt. Möglicherweise war für sie Theben nicht der einzige in Frage kommende Bestattungsort. Im Tal der Königinnen sind für die gesamte 18. Dynastie je vier Königssöhne und Königstöchter belegt[41], doch ist eine große Anzahl Gräber dieser Epoche infolge der Nachnutzungen und Beraubungen nicht mehr identifizierbar.

Es ist ein Glücksfall, dass für die Zeit Amenhoteps III. neben KV 40 gleich zwei vergleichbare Grabanlagen bekannt sind, die das Bild des weiblichen Teils seiner Großfamilie erweitern. 1857 entdeckte der schottische Reisende Alexander Rhind ein Grab, das heute verloren ist, sich aber mit Sicherheit in der Elitenekropole von Sheikh Abd el-Qurna (dem sogenannten Tal der Edlen) befindet. Er fand es geplündert, interessierte sich wenig dafür, hob aber 14 Holztäfelchen auf, die heute im Museum in Edinburgh sind[42]. Drei weitere kamen kurz danach auf den Markt[43]. Es

39 In Frage kämen insbesondere KV 33, KV 42 oder KV 37.

40 Reeves, Wilkinson 1996, 110; Kawai 2013.

41 Casini 2022: Königstöchter der 18. Dynastie in QV 8, QV 17, QV 47, QV 72; Königssöhne in QV 8, QV 72; QV 82, QV 98.

42 Rhind 1862.

43 Adrom 2021, 54, Anm. 275; Bouvier 2009.

handelt sich um dieselbe Art Täfelchen, wie sie nun auch aus KV 40 bekannt sind. Ihre Aufschriften widerspiegeln eine gesellschaftliche Gruppe, die mit derjenigen von KV 40 direkt vergleichbar ist: 15 Königstöchter (darunter eine Enkelin), eine Frau ohne Titel sowie ein Königssohn. Eine der Königstöchter trägt das Beiwort „die ganz Kleine", was auf ihren frühen Tod deutet. Die Paläographie, der Verweis auf die Abstammung zweier Frauen von Thutmosis IV., sowie die Erwähnung eines Regierungsjahres 27 rücken diesen Befund in unmittelbare chronologische Nähe von KV 40, wo wie erwähnt ein Jahr 25 als Ankerpunkt für die ursprüngliche Nutzung des Grabes gelten kann.

Eine weitere Familiennekropole Amenhoteps III. rückte durch die Arbeiten von Piers Litherland in den letzten Jahren ins Zentrum der Aufmerksamkeit. In einem der Südtäler der thebanischen Nekropole, dem Wadi Bairiya unmittelbar hinter der Palastanlage von Malqata, liegt ein komplexes System von undekorierten Schachtgräbern, die ebenfalls geplündert und mit massiven Brandspuren vorgefunden wurden. Dennoch konnten auch hier zahlreiche, oft fragmentarische Überreste sichergestellt werden, die Auskunft über die bestatteten Personen erteilen. Kanopen (Gefäße für mumifizierte Eingeweide) – eine Objektkategorie, die in KV 40 auffällig spärlich belegt ist – Gefäßaufschriften und Holztäfelchen belegen eine umfangreiche Bestattungsgemeinschaft, zu der zwei Königsgemahlinnen, eine Königstochter, 17 „Geschmückte des Königs" sowie einige Frauen ohne Titel gehören. Nur zwei Männernamen sind belegt, einer davon ein Königssohn, der andere als „der Kleine" bezeichnet[44].

Die Erwähnungen eines Sed-Fest Jubiläums sowie des „Hauses des strahlenden Aton" bringen diesen Befund eindeutig mit dem 4. Regierungsjahrzehnt Amenhoteps III. in Verbindung. Dieser Befund scheint also nur um wenige Jahre jünger zu sein als derjenige des Rhind-Grabes und KV 40. Beim Bestattungsort in Wadi Bairiya könnte sehr wohl eine Beziehung zwischen einem (temporären) Residenzort und der für gewisse Frauen genutzten Nekropole vorliegen.

In einem Zeitraum von etwa 10 bis 15 Jahren sind demnach in Theben folgende Bestattungen von Mitgliedern der erweiterten Königsfamilie belegt.

44 Litherland 2018, 117–123.

Tab. 1: Die erweiterte Familie Amenhoteps III. in der thebanischen Nekropole.

Titel	**Tal der Könige KV 40**	**Sheikh Abd el-Qurna Rhind-Grab**	**Wadi Bairiya**
Große Königsgemahlin	/	/	1
Königsgemahlin	/	/	1
Königstochter	13	14	1
Königstochter des Königssohns = Enkelin	1	1	/
Geschmückte des Königs, *ḫkr.t nsw*	1	/	17
Edle, *šps.t*	2	/	/
Frauen ohne Titel	9	1	5 (?)[45]
Königssohn	6	1	1
andere („der Kleine")			1
Total	**32+**	**17+**	**27+**

Die drei Grabanlagen weisen eine kohärente soziale Gruppe von fast 80 Personen vorwiegend aus dem weiblichen, privaten Umfeld Amenhoteps III. aus[46]. Das Ungleichgewicht der Geschlechter (9 Männer / 68 Frauen), insbesondere der Unterschied zwischen Königssöhnen und -töchtern (8 Königssöhne / 28 Königstöchter) zeigt, dass diese Bestattungen nach einem bestimmten Konzept vorgenommen wurden. Es müssen Bedingungen oder eine Strategie vorgeherrscht haben, die zu dieser Selektion und damit zu diesem Ungleichgewicht führten. Auffällig ist die Seltenheit von Königinnen in diesem Befund. Vermutlich gehörten sie nur am Rande dieser Personengruppe an und waren für sie andere Bestattungsorte vorgesehen. Bei der in Wadi Bairiya bestatteten „Großen königlichen Gemahlin Nebetnehet" könnte es sich entweder um die aus anderen Quellen bekannte Gattin Thutmosis' IV. dieses Namens handeln, die zum Zeitpunkt ihres Todes in recht fortgeschrittenem Alter war und vielleicht daher die Bezeichnung der Großen Gemahlin erhielt, obwohl sie zu Lebzeiten ihres Gatten nur „königliche Gemahlin" war, oder aber um eine bisher unbekannte „Große königliche Gemahlin" Amenhoteps III. Auch Königssöhne wurden wohl nur in gewissen Fällen zusammen mit den Frauen der Familie bestatten. Eine hypothetische Annahme, die sich zumindest für KV 40 über DNA-Analysen klären ließe, wäre, dass es sich um sehr jung verstorbene Königssöhne handeln könnte.

45 In drei Fällen ist die Stelle vor dem Namen zerstört, es könnte demnach auch ein Titel gestanden haben.

46 Liste der Namen in Bickel im Druck.

Ferner fehlen unter den hier bestatteten Königstöchtern die vier bisher aus anderen Kontexten bekannten Töchter Amenhoteps III., nämlich Sat-Amun und Isis (die beide auch den Titel einer „Großen königlichen Gemahlin“ erhielten) sowie Henuttaneb und Nebetjah, die vermutlich alle von der Hauptgemahlin Teje abstammten und daher einen besonderen Rang genossen. Für Erstere könnte eine Bestattung in einer Kammer des Grabes ihres Vaters (KV 20) vorgesehen gewesen sein, der Verbleib der drei andern ist ebenso unbekannt wie das Grab des früh verstorbenen designierten Nachfolgers Thutmosis, das sich vermutlich in der Gegend von Memphis befindet[47].

Aus den drei Befunden geht indes klar hervor, dass Königstöchter, Frauen mit dem Titel einer „Geschmückten des Königs“ sowie Frauen ohne spezifischen Titel, oft mit fremdländischen Namen, zu einer Personengruppe gehörten. Es ist anzunehmen, dass sie nicht nur im Tode vereint waren, sondern auch ihren Lebensort und ihre Lebensform teilten und gemeinsame Aktivitäten ausübten.

Alle drei Grabanlagen wurden nicht für eine Einzelperson, sondern für eine Gruppe von Menschen genutzt. Dies bedeutet in keiner Weise, dass jeweils alle Personen gleichzeitig bestattet wurden und daher auch ungefähr gleichzeitig, etwa infolge einer Epidemie, verstorben wären. Die Nutzung eines Grabraumes für die sukzessive Einbringung mehrerer Verstorbener einer Familie oder Gemeinschaft ist ein durchaus häufiges Phänomen[48].

Wie KV 40 besitzen auch die beiden anderen Grabanlagen keine dekorierten Wände, sondern bestehen aus schlichten unterirdischen Kammern. Dies ist nicht weiter erstaunlich, denn vor der 19. Dynastie ist keine dekorierte Grabkammer für ein Mitglied der königlichen Familie belegt. Die Mutter Sethos’ I. gilt als erste königliche Frau, die ein dekoriertes Grab im Tal der Königinnen erhielt, danach sind mehrere aufwändig ausgestaltete Anlagen für Königinnen und Königssöhne bekannt.

Ferner besitzt keine der drei hier besprochenen Grabanlagen eine ihr angeschlossene Kapelle oder Kultstelle. Dies wirft die Frage auf, wie und wo diesen Personen der ihnen gebührende Toten- und Gedächtniskult erbracht wurde. Dieser Frage soll weiter unten nachgegangen werden.

47 Kozloff & Bryan 1992, 41–44, Katalognummern 24, 103, 104.

48 Miniaci 2018.

Leben und Aufgaben königlicher Frauen

Wie eingangs erwähnt, ist sehr wenig über die Lebensumstände am Pharaonenhof bekannt. Im privaten Teil der Paläste müssen wohl mehrere Hundert Frauen mit ihren jeweiligen Angestellten gewohnt haben, die sich wie in einem kleinen Dorf auf mehrere Pole – Häuser und eigene Paläste – verteilten. Gemäß dem oben erwähnten Papyrus Boulaq 18 wurden die unterschiedlichen Einheiten und Individuen auch separat und nach einem festgelegten Verteilschlüssel mit Nahrung versorgt. Personen von außen, etwa Ammen, Erzieher, Verwalter und Aufseher, verkehrten wohl nur zeitweise in diesen Bereichen.

Diese komplexe Haushaltsstruktur muss zudem recht unstet gewesen sein, denn der Pharaonenhof war geprägt von Mobilität. Die Könige waren wohl einen großen Teil des Jahres unterwegs auf Reisen durch das ganze Land, eine Herrschaftsform, die in Anlehnung an das Europäische Mittelalter auch als „Reisekönigtum" bezeichnet wird und die Stephen Quirke „control by circuit"[49] nannte. Mit dem König reiste natürlich eine ganze Delegation von hohen Amts- und Würdenträgern, ebenso aber auch ein Teil seines privaten Umfeldes. Diese Delegation setzte sich vermutlich je nach Ziel und Grund der Reise unterschiedlich zusammen, je nachdem ob es sich um einen Feldzug ins Ausland oder um eine Reise zu Verwaltungs- und Kultzwecken im Inland handelte. Letztere waren sehr regelmäßig und dienten einerseits der Teilnahme an wichtigen lokalen Tempelfesten, anderseits unterschiedlichen Inspektionen und administrativen Belangen, sowie der Rechtsprechung. Zudem muß die Fortbewegung der königlichen Barke und aller ihn begleitenden Schiffe auf dem Nil sowie das „Landen" und die Präsenz des Herrschers und seines Hofstaats in einer Stadt eine eindrückliche Demonstration von Macht und Pomp dargestellt haben. Auch spielte die Stellung des Pharaos als quasi-göttlicher Sohn der Götter und damit die Heiligkeit und Aura seines Auftretens eine Rolle. Insofern besaßen königliche Auftritte, was immer ihr Zweck war, etwas Zeremonielles und Imposantes. Für die Ramessidenzeit sind, wenn auch nur fragmentarisch, Hymnen zur Begrüßung eines Herrschers am „Uferdamm von Theben" belegt[50]. Vereinzelte Quellen geben auch Einblick in die aufwändigen Vorbereitungen, die ein königlicher Besuch für eine Stadt oder Gegend bedeutete, vor allem für die Bereitstellung großer Mengen an Nahrung[51].

Für die Stadt Theben ist es insbesondere das Opet-Fest, das im Prinzip die alljährliche Präsenz des Königs erforderte. Dabei bewegten sich das Kultbild des Gottes

49 Quirke 2009, 114.
50 Fischer-Elfert 1999.
51 Hagen 2016, 161.

Amun-Re zusammen mit dem König von Karnak aus, je nach Epoche zu Fuß oder auf dem Nil, zu dem etwa drei Kilometer südlich gelegenen Tempel von Luxor. Dort trat der Herrscher in das Allerheiligste ein und erfuhr dabei die Erneuerung seines königlichen Ka, der von Amun gewährten Lebens- und Herrscherkraft. Dadurch wurde seine Position als König und Sohn des Gottes regeneriert und bekräftigt. Die Rückfahrt nach Karnak erfolgte in allen Epochen per Schiff. Das mehrtägige Ereignis war von einer großen öffentlichen Prozession und zahlreichen Festakten mit Musik- und Tanzdarbietungen begleitet. Neben einzelnen Einheiten der Armee war auch die Königsfamilie präsent, führte gewisse Ritualhandlungen aus und stimmte wohl auch in die vielen überlieferten Lobeshymnen auf den König und Amun ein. Im Tempel von Luxor wird dargestellt, wie die Große königliche Gemahlin Nefertari Sistrum spielend zusammen mit 17 Königstöchtern und drei Königssöhnen die Ankunft ihres Gatten Ramses II. und des Kultbildes des Amun erwarten[52].

So waren wohl stets zahlreiche Frauen aus der erweiterten Königsfamilie ebenfalls über lange Zeit auf Reisen und erfüllten bei den verschiedenen Halten ihre Rolle als repräsentative Begleitung. Da der Auftritt des Königs die göttliche Präsenz auf Erden verkörperte, bildeten die ihn umgebenden Frauen nicht nur eine unbeteiligte Staffage, sondern sie begegneten ihm meist mit erfrischenden oder besänftigenden Ritualhandlungen.

Für die Zeit Amenhoteps III. ist ihre Rolle besonders im Zusammenhang mit den Sed-Fest Feierlichkeiten gut belegt. Zu seinem 30. Regierungsjubiläum und erneut in den Jahren 33 und 37 seiner Herrschaft richtete der König sehr aufwändige Festivitäten und Zeremonien aus, die auf einer auf das Alte Reich zurückgehenden Tradition beruhten und die vermutlich an verschiedenen wichtigen Orten des Landes durchgeführt wurden. Der genaue Rahmen und der Ablauf der Zeremonien sind nicht bekannt, doch geben Darstellungen Einblick in einige Aspekte und wichtige Kulthandlungen der Feierlichkeiten. Für die Durchführung in Theben wurde wohl eigens der Festpalast von Malqata auf dem Westufer errichtet, und der ausgedehnte Szenenzyklus dieses Geschehens wurde im Peristylhof des Totenkulttempels Amenhoteps III. festgehalten.

Auch wenn nicht bekannt ist, ob der König und seine Familie für eine Wiederholung dieser Feier wirklich bis zu ihren Tempeln im entfernten Nubien reisten, so befinden sich die am besten erhaltenen Darstellungen der Sed-Fest Zeremonien doch im Tempel von Soleb zwischen dem zweiten und dritten Nilkatarakt im heutigen Sudan. Darin begleitet die Königin Teje ihren Gatten bei den meisten Kulthand-

52 Roth 2006, 216.

lungen, und bei Prozessionen ist auch eine größere Gruppe Königstöchter anwesend. In einer dieser Szenen tragen die Frauen eine spezifische Kopftracht und halten ein Sistrum in der Hand, zudem werden sie vom „Vorsteher des königlichen Privatbereichs" (*jmj-rꜣ jp.t nsw*) begleitet (Abb. 16)[53]. Bei diesem Beamten handelt es sich vermutlich nicht um einen Aufseher oder Wächter über die Frauen, sondern um den Verantwortlichen der wirtschaftlichen Institution und Unterabteilung des königlichen Haushaltes, aus der diese Gruppe von Frauen ihren Lebensunterhalt bezogen. Die dargestellte Frauengruppe wird beschrieben als „Königskinder, die seiner Majestät folgen". In Darstellungen unterschiedlicher Kontexte werden in der 18. Dynastie unter der Bezeichnung „Königskinder" stets nur weibliche Personen dargestellt, obwohl aus Texten deutlich wird, dass die Königssöhne durchaus auch zu dieser Personengruppe zählten. Vermutlich hatte der Begriff je nach Zusammenhang unterschiedliche Bedeutungen, einerseits als Nachkommen beider Geschlechter eines Herrschers, anderseits als weibliche Gruppe von Ritualausübenden bei königlichen Anlässen. Erst ab der Ramessidenzeit wurden bei königlichen Festen sowohl Söhne als auch Töchter dargestellt.

Eines der wichtigsten Zeugnisse für das Sed-Fest Jubiläum Amenhoteps III. befindet sich in der thebanischen Elitenekropole im Grab eines der Hauptverantwortlichen für die Organisation der Feierlichkeiten, des königlichen Schreibers und Ersten königlichen Herolds Cheruef (TT 192). Zu seinen zahlreichen weiteren Titeln zählten auch der des „Vermögensverwalters der Großen königlichen Gemahlin Teje", des „Vorstehers der Geheimnisse des königlichen Palastes" oder des „Palastaufsehers der Ämter des Sed-Festes"[54]. Er war demnach ein Vertrauter des Königs und Insider in vielen Bereichen des Hofes. Sein unfertig gebliebenes Grab wäre das Größte der 18. Dynastie geworden. Die Dekoration der Querhalle ist weitgehend Szenen des dritten Sed-Festes im Jahr 37 gewidmet. Beim Eintreten trifft der Blick beidseits eines Durchgangs auf zwei wandfüllende Darstellungen des Königs und der Königin Teje, die in einem reich geschmückten Festpavillon sitzen. Auf der rechten Seite wird anschließend Amenhotep III. beim Aufrichten eines großen Djed-Pfeilers, eines Kultobjektes des Gottes Osiris gezeigt. Er wird dabei von der Königin und einer Gruppe Prinzessinnen begleitet, die immer zu zweit und mit je einem Sistrum und einem Menat-Gerät in den Händen sowie abwechselnd als Kinder mit der sogenannten Jugendlocke und als Erwachsene dargestellt werden (Abb. 17)[55]. Die Beischriften halten fest, dass die „Königskinder" den

53 Schiff Giorgini 1998, Taf. 127.

54 Liste seiner Titel in Epigraphic Survey 1980, 78–80.

55 Epigraphic Survey 1980, Taf. 47, 57.

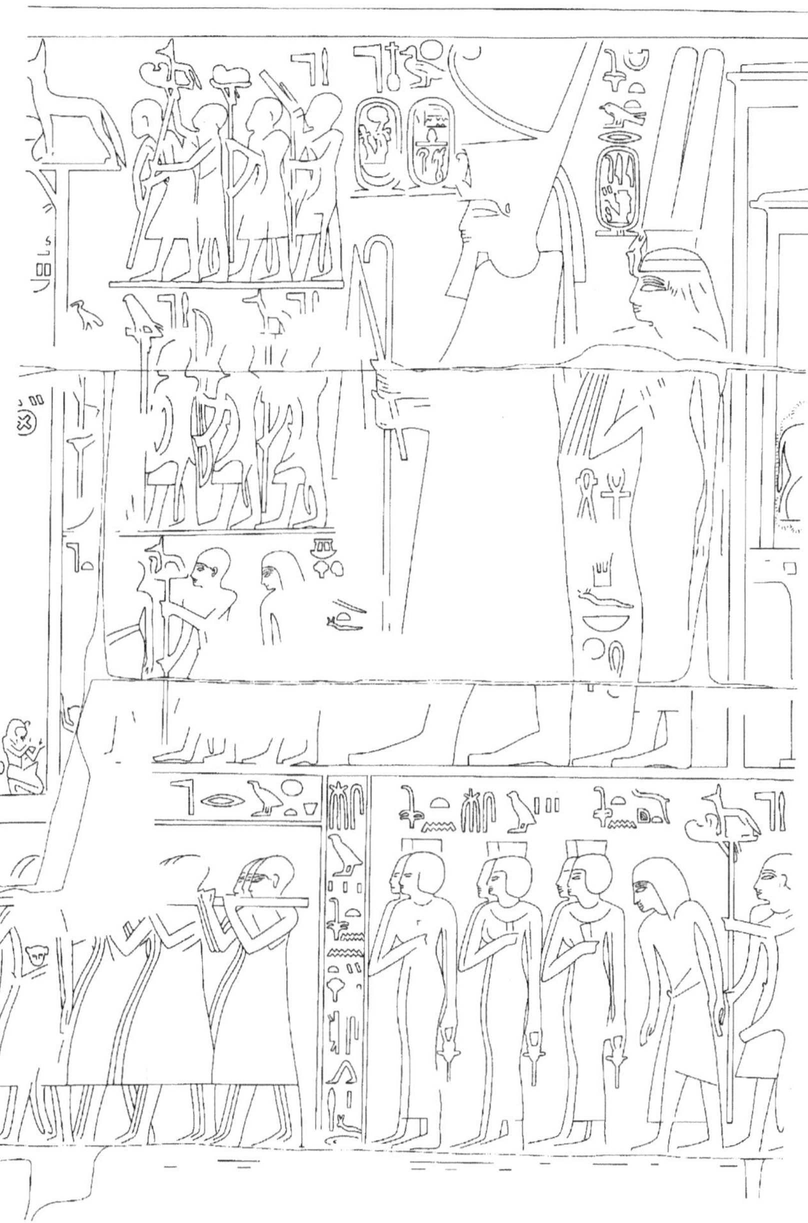

Abb. 16: Sed-Fest Prozession im Tempel von Soleb, unten rechts die Königstöchter gefolgt vom „Vorsteher des königlichen Privatbereichs“.

edlen Djed-Pfeiler loben und zufriedenstellen und dabei Osiris verehren. Über das Kultobjekt und den Gott richtet sich ihr Auftritt aber vor allem an den König.

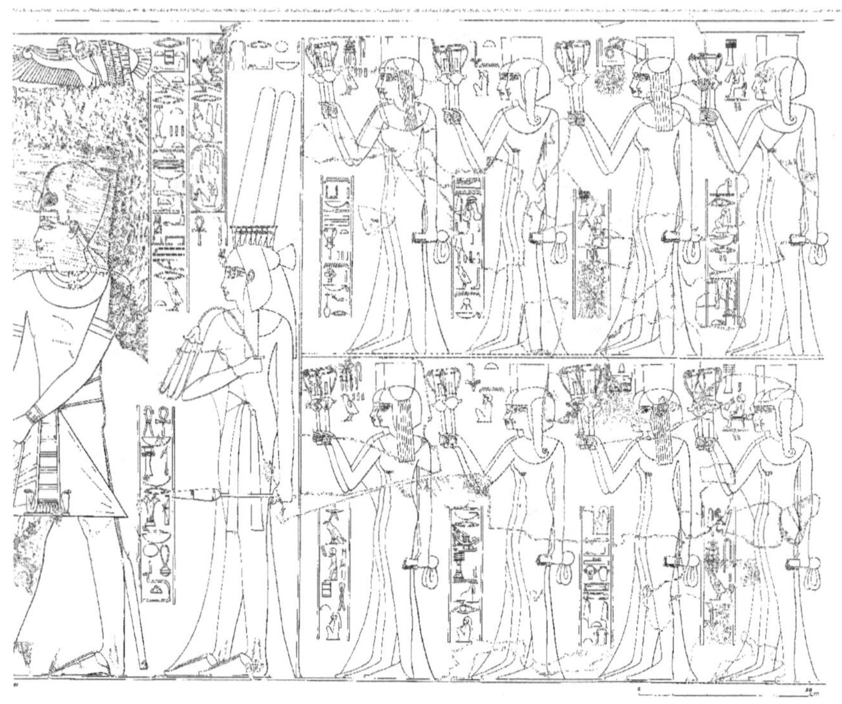

Abb. 17: Königin Teje und die Königstöchter beim Sed-Fest, Grab des Cheruef.

Auf der gegenüberliegenden Seite wird nach dem Hauptbild des Herrschers im Pavillon, bei dem auch die Göttin Hathor anwesend ist, das Verlassen des Palastes durch das Königspaar und eine Bootsfahrt in der Nachtbarke gezeigt. Neben der emblematischen Darstellung der gesamten Ehre erbietenden ägyptischen Bevölkerung werden auch „alle Herrscher der Fremdländer mit fremden Sprachen, die Ägypten nicht kannten“ genannt. In einer der Darstellung der Königstöchter auf der gegenüberliegenden Wand parallelen Darstellung erscheinen die „Kinder der (ausländischen) Großen, die goldene Krüge und Libationsgefäße aus Elektron halten, um Sed-Fest Riten auszuführen“ (Abb. 18)[56]. Sie werden als erwachsene

56 Epigraphic Survey 1980, Taf. 24, 32.

junge Frauen ohne ethnische Merkmale abgebildet, ihre Darstellung gleicht in allen Details derjenigen der erwachsenen Königstöchter.

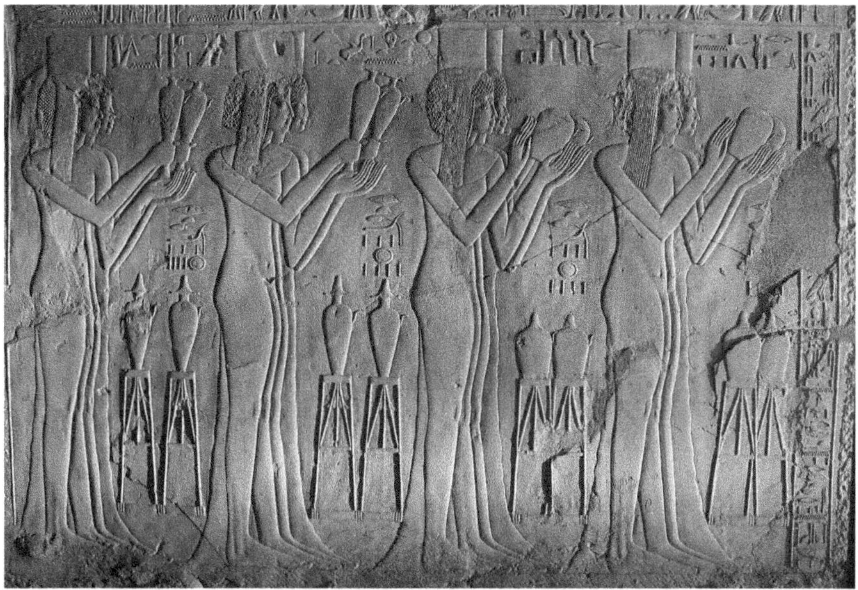

Abb. 18: Die „Kinder der (ausländischen) Großen" im Grab des Cheruef. Foto: M. Kačičnik.

Diese parallele Wiedergabe von Ausländerinnen edler Herkunft und ägyptischen Königstöchtern illustriert sehr schön den Befund der drei oben besprochenen Grabanlagen, in denen Frauen, die vom ägyptischen König abstammen, mit Frauen aus ausländischen Herrscherhäusern einer Gemeinschaft angehörten, die wohl zusammen lebte, gemeinsam rituelle Handlungen bei Auftritten des Pharao ausübte und auch gemeinsam bestattet werden konnte. Sie bildeten offensichtlich eine Lebens-, Berufs- und Bestattungsgemeinschaft.

In einem stark zerstörten Abschnitt vor der Darstellung des Herrscherpaares in der Nachtbarke treten vier Frauen auf, die einzeln als „seine geliebte Tochter" bezeichnet werden und bei denen es sich vermutlich um die vier bekannten Töchter der Teje handelt, die auch in den Tempeldarstellungen des Sed-Festes einzeln und namentlich erwähnt werden. In der Darstellung bei Cheruef werden sie gefolgt von zwei jeweils als „seine Schwester" bezeichneten Frauen, die sehr elaborierte Kopfbedeckungen tragen und auch die Rolle von Sängerinnen des Amun innehaben[57]. Diese teils wohl bereits älteren Frauen gehörten ebenfalls zur Königsfamilie, setzten sich aber aufgrund ihres höheren Status von der größeren Gruppe der Königstöchter und ihrer Kolleginnen ab.

Zu den Zeremonien gehörten offensichtlich auch unterschiedliche oft akrobatische Tanzdarbietungen, die auf der rechten Wand von männlichen Tänzern, auf der linken Wand von weiblichen ausgeführt werden.

Spezifische Bestattungssitten

Auf den langen Reisen, die ein Teil der Königsfamilie zu absolvieren hatte, konnte es auch vorkommen, dass Mitglieder der Begleitung des Königs verstarben. Wie bereits oben festgestellt, muss es bestimmte Konventionen und Strategien gegeben haben, wo welche Personenkategorie bestattet werden sollte. Insbesondere für Frauen aus dem engeren familiären Umfeld des Königs stellt sich die Frage, ob für sie nur Theben und die relative Nähe zum Herrschergrab in Frage kam, oder ob eine Bestattung in Theben vorwiegend auf ein Versterben in dieser Gegend zurückzuführen ist, im Grunde aber auch andere Begräbnisorte in Frage kamen. Im Alten und Mittleren Reich lässt sich beobachten, dass das Grab eines Königs sehr oft von mehreren Bestattungen von Königinnen und Königstöchtern umgeben ist, die weibliche Garde um den König also auch für das Jenseits architektonisch und räumlich festgeschrieben wurde. Für Amenhotep III. könnte sich dieses Bestreben auf die Integration der Bestattungen seiner Hauptgemahlin Teje und seiner ältesten Tochter Sat-Amun in das eigene Grab beschränkt haben[58]. Demnach könnten die drei oben besprochenen Grabanlagen für Familienangehörige in der Tat eher auf die regelmäßigen, oft mehrwöchigen Aufenthalte in Theben und Umgebung und in dieser Zeit erfolgte Sterbefälle zurückzuführen sein. Der derzeitige Kenntnisstand lässt zu dieser Frage keine eindeutige Antwort zu.

Fest stand offensichtlich, dass alle Personen der hier besprochenen erweiterten Königsfamilie Anrecht auf eine fachgerechte Mumifizierung hatten. Dieser in Theorie etwa siebzigtätige Prozess wird vermutlich in einer der thebanischen Elitenekropole angeschlossenen Mumifizierungsstätte stattgefunden haben. Denkbar wäre allenfalls auch, dass Personen, die außerhalb Thebens verstarben, erst nach Abschluss des Mumifizierungsprozesses zur Beisetzung nach Theben gebracht wurden.

57 Epigraphic Survey 1980, Taf. 24, 45.

58 Reeves, Wilkinson 1996, 110.

Die Hinterlassenschaft aus KV 40 erlaubt es, einige Aspekte der anschließenden Bestattungsriten und materiellen Vorkehrungen für die Beisetzung genauer zu beleuchten. Wieder sind es die großen Gefäße und ihre Beschriftung, die diesbezüglich Informationen liefern können. Es wurde bereits erwähnt, dass die Besonderheit dieser Aufschriften darin besteht, dass sie Titel und Namen von Personen festhalten, für die diese Behälter bestimmt waren. Auch wurde anhand von Beispiel 1 und 4 bereits auf ein mehrstufiges Verfahren der Bearbeitung und Beschriftung hingewiesen, das an einigen Gefäßen beobachtet werden kann. In Beispiel 4 wurden der Name der Prinzessin Sachmet und ihre institutionelle Zugehörigkeit zum Haus der Königskinder auf eine erste Lage weißer Tünche geschrieben und später von zwei weiteren Anstrichen gänzlich überdeckt, so dass nur der Zufall des heutigen Erhaltungszustands diese ursprüngliche Beschriftung erkennen ließ.

Dieser Erhaltungszufall hat auf zwei Gefäßen auch deren Bestimmung und Inhalt preisgegeben. Zwei Aufschriften schimmerten nur sehr vage durch die weiße Tünche durch, doch konnte diese vom Konservator entfernt und der Text somit lesbar gemacht werden.

Beispiel 7 (Abb. 19a–b)

„Gemahlenes und gutes(?) *ḥsmn*-Natron und oberägyptisches *nṯrj*-Natron(?)“

„Henut-Punt“

Auch wenn die Lesung der unter dem Anstrich freigelegten Aufschrift nicht überall eindeutig ist, so ist doch der Verweis auf Natron klar ersichtlich. Oberhalb dieses Vermerks ist unter einer Schicht weißer Tünche und unter der gelben Aufschrift der Name „Henut-Punt“ zu sehen, der dann in einer zweiten Beschriftungsphase in großen gelben Zeichen erneut festgehalten wurde. Wie weiter oben erwähnt, könnte es sich bei dieser Frau ohne Titel ebenfalls um eine Ausländerin handeln, die am Hof, vielleicht aufgrund ihres als exotisch empfundenen Äußeren, anstatt ihres ursprünglichen Namens ein geläufiges Beiwort der Göttin Hathor erhielt.

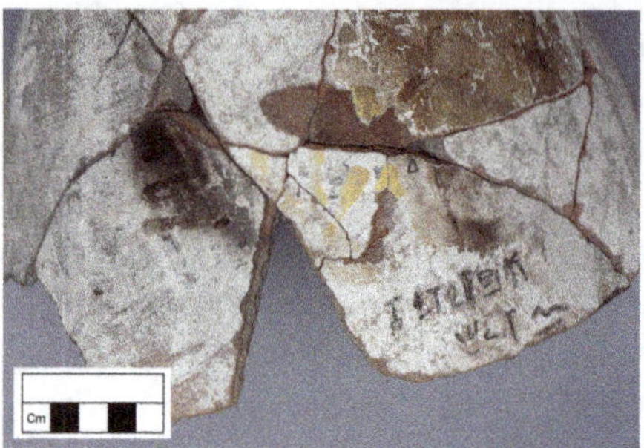

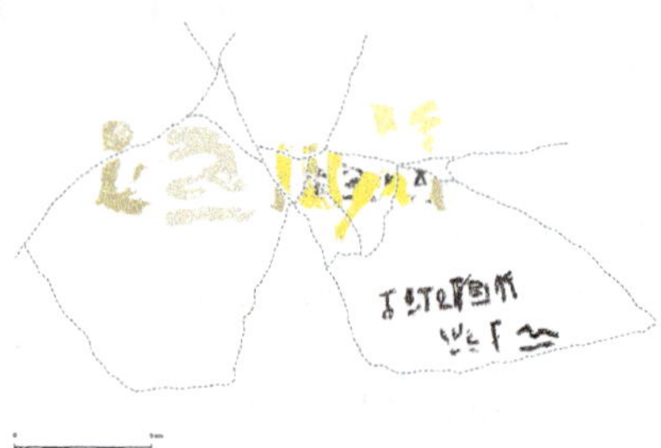

Abb. 19a–b: Natron als Inhalt des Gefäßes für Henut-Punt. Schwarze Aufschrift unten rechts nach restauratorischer Entfernung des weißen Anstrichs. Foto: M. Kačičnik.

Diese und eine parallele Aufschrift weisen demnach Natron als einen möglichen Gefäßinhalt aus. Das Salz-Mineral Natron, das an verschiedenen Stellen Ägyptens abgebaut werden konnte, war ein wichtiger Bestandteil des Mumifizierungsprozesses und wurde in großen Mengen zum Austrocknen der Körper eingesetzt. Die leuchtend weiße Substanz war jedoch auch ein Symbol der Reinheit und spielte in den Reinigungsritualen vor der Grablegung eine Rolle. Beide Verwendungszwecke sind im vorliegenden Kontext möglich. Im Grab KV 40 wurden nebst einigen größeren Klumpen von Natron auch ungezählte kleine, mit Natron gefüllte und mit einer dünnen Schnur verschlossene Leinensäckchen gefunden, eines klebte auch noch an einem Gefäßverschluss an, muss also aus dem Innern eines Behälters stammen. Trotz der zahlreichen Verschmutzungen und der Brände, die das Material im Laufe der Zeit stark beeinträchtigten, waren etliche dieser Leinensäckchen noch so sauber und weiß, dass sie kaum bei der Mumifizierung mit Körperflüssigkeiten in Kontakt gekommen sein können. Eine rituelle Verwendung dieser sorgfältig verpackten Natronbällchen ist daher sehr viel wahrscheinlicher.

Ein weiteres Ritual, das zum Befüllen der Gefäße führte, konnte archäologisch nachgewiesen werden. In einem Krugverschluss aus Lehm steckten mehrere rote Scherben, die sich genau in eine flache rote Schale einfügen ließen (Abb. 20)[59].

59 Aston 2021, 265; zu den Gefäßverschlüssen Hunkeler 2021.

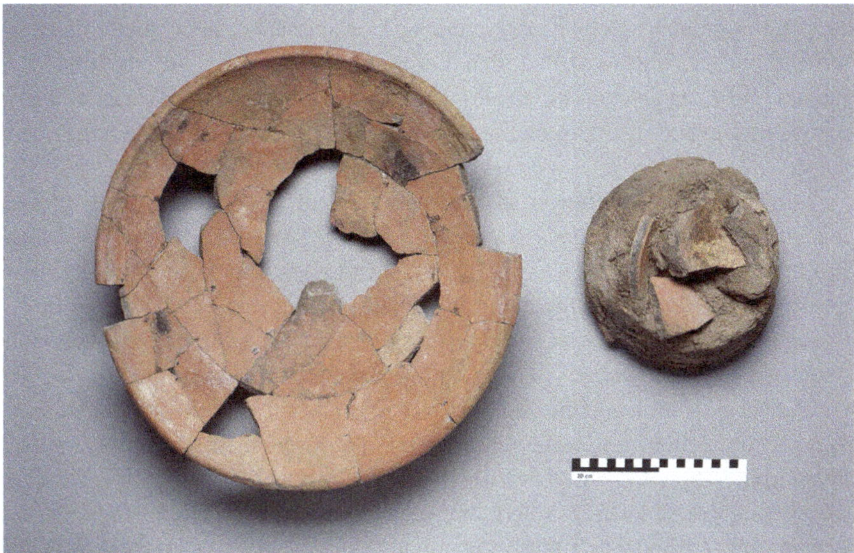

Abb. 20: Rote Schale mit dazugehörigen Scherben in einem Gefäßverschluss aus Lehm. Foto: M. Kačičnik.

Der Durchmesser der Schale ist um ein Vielfaches größer als die Gefäßöffnung, in der der Verschluss steckte. Dies bedeutet, dass die Schale absichtlich zerschlagen werden musste, um durch die Öffnung in das Gefäß gebracht zu werden. Offensichtlich wurde ein Gefäß so hoch mit zerschlagenem Geschirr gefüllt, dass die obersten Scherben in dem feuchten Lehmpfropfen stecken blieben.

Der Befund erinnert an das aus Texten und Darstellungen bekannte Ritual des „Zerschlagens der roten Krüge“, das während des Bestattungsrituals durchgeführt wurde. In Darstellungen sind es oft große Krüge, die von lamentierenden Trauernden zerschlagen werden. Im vorliegenden Fall zeigt sich, dass das gesamte Geschirr eines Mahles rituell zerschlagen und in die Krüge verstaut wurde. Neben mehreren auffällig rot gefärbten Schalen sind dies auch Teller, Becher, Flaschen und andere Formen[60]. Dieses sicher dramatische Ritual, das wohl nach dem gemeinsamen Mahl der Trauergemeinde den Abschluss der Bestattungszeremonien bildete, signalisierte vermutlich das Ende einer im Leben gepflegten Beziehung. Fortan lebten Verstorbene und Zurückgebliebene in unterschiedlichen Welten und Daseinsformen. Auch war es von Bedeutung, dass die Utensilien der letzten an den Verstorbenen vollzogenen Handlungen – der Reinigung und des letzten „gemeinsamen“ Mahls – bei der betroffenen Person verblieben.

60 Aston 2021, 302–326.

An den Hälsen vieler Gefäße lässt sich noch klar ablesen, dass sie mit Lehmpfropfen und Deckel verschlossen wurden, bevor ein letzter weißer Anstrich über Verschluss und Krug gemeinsam angebracht wurde. Erst nach dem Trocknen dieses meist zweilagigen Anstrichs konnte die letzte Aufschrift auf das Gefäß angebracht werden.

Aus diesen Beobachtungen lässt sich der Ablauf der Nutzung dieser großen Behälter rekonstruieren. Eine Töpferwerkstatt wird sie produziert und vermutlich bereits mit einem ersten Anstrich versehen haben. Die Gefäße könnten dann bereits an den Ort ihrer Nutzung transportiert worden sein. Die Frage, wo dieser Ort gewesen sein könnte, wird weiter unten besprochen. Nun wurde eine erste Beschriftung vorgenommen, bei der der Name der Person, für die die Nutzung der Gefäße vorgesehen war, zum Teil auch der geplante Inhalt, festgehalten wurden. Für jede Person waren wohl mehrere Gefäße vorgesehen. Da diese Behälter offensichtlich zur Aufnahme der Überreste der letzten Zeremonien einer Bestattung dienten, wird auch ihre Befüllung an dem Ort stattgefunden haben, wo die Reinigungsriten und das Begräbnismahl stattfanden. Anschließend mussten die Gefäße verschlossen werden, wozu in einem ersten Schritt ein Pfropfen feuchten Nilschlamms in die Gefäßöffnung gedrückt und danach mit einer Schicht Leinen oder Leinenbändern überspannt und von einem Deckel aus Lehm bedeckt wurde (Abb. 21). Dieser obere Lehmverschluss wurde stets über den Rand hinweg und einige Zentimeter tief an den Hals des Gefäßes gedrückt. Im Anschluss wurden der zweite Anstrich und die finale Beschriftung angebracht. Der Vermerk des Inhalts war nun nicht mehr relevant und wurde nicht wiederholt, lediglich Titel und Name der zu bestattenden Person wurden, oft mit besonderem Augenmerk auf Ästhetik und gelegentlich unter Einsatz gelber Farbe, festgehalten. Es war im Zusammenhang dieser gemeinsam beigesetzten Personengruppe offensichtlich von Bedeutung, dass die Identität der Person, für die das Bestattungszeremoniell durchgeführt wurde, deutlich vermerkt war.

Die Rituale, nach denen die Gefäße zum Einsatz kamen, müssen nach Abschluss der Mumifizierung stattgefunden haben. Insbesondere Reinigungsriten standen in Zusammenhang mit dem Mundöffnungsritual, bei dem der fertig bandagierten Mumie durch rituelles Öffnen von Mund, Nase und Augen ihre Lebensfähigkeit zurückerstattet wurde.

Auf Darstellungen in den Grabkapellen der Elite wird das Mundöffnungsritual zusammen mit verschiedenen Reinigungen mit Wasser, Weihrauch und Natron (auch Natronsäckchen kommen zum Einsatz) stets vor dem Grabeingang gezeigt. Hier fanden die letzten Riten und Trauerbekundungen statt, bevor die Mumie in den Sarg gelegt und in die Grabkammer gebracht wurde und sich die Trauergemeinde im Vorhof des Grabes zum gemeinsamen Mahl traf. Große Mengen zerschlagenes Essgeschirr finden sich regelmäßig in den Vorhöfen dieser Elitegräber.

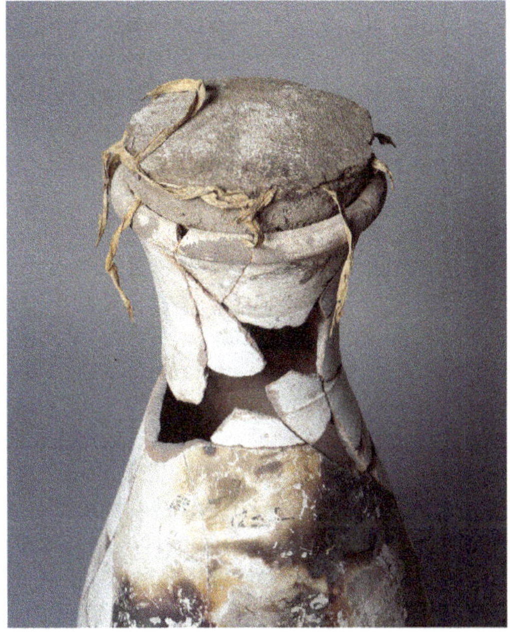

Abb. 21. Gefäß mit wieder eingesetztem Verschluss. Reste der Leinenbänder zwischen Pfropfen und Deckel sowie die Spur der Anheftung des Lehms am Gefäßhals sind zu erkennen. Foto: M. Kačičnik.

Im Fall von KV 40 im Tal der Könige erscheint gänzlich ausgeschlossen, dass diese Zeremonien und die darauffolgenden Operationen – Verschluss der Gefäße und definitive Beschriftung – beim Grab selber stattfanden. Einerseits fehlen Kultstrukturen im Tal gänzlich, anderseits ist auch die Distanz zwischen dem Fruchtland und KV 40 zu groß, als dass sich eine Trauergemeinde für die Schlussriten und das Begräbnismahl bei diesem entlegenen Grab versammelt hätte. Hinzu kommt der hohe Wasserbedarf, der für die Herstellung sowohl der Lehmverschlüsse als auch der Tünche für die anschließenden Anstriche benötigt wurde. Auch fanden sich bei Grabungen im Bereich vor dem Grabeingang keinerlei Hinweise auf eine Arbeit mit Lehm und weißer Farbe.

Da aufgrund von Parallelen anzunehmen ist, dass die Gefäße selber aus dem Raum Theben stammen, werden auch die Bestattungszeremonien und das Mahl in dieser Gegend stattgefunden haben. Als Durchführungsort der Zeremonien käme einerseits eine dem Aufenthaltsort des Hofes angeschlossene Struktur in Frage. Wahrscheinlicher erscheint jedoch – auch aus logistischen Gründen – ein mit dem Mumifizierungsort in Verbindung stehender Bereich. Hier konnten, nach Abschluss der Mumifikation, die Stundenwachen und anschließend die Reinigungsriten, die Mundöffnung und das Festmahl durchgeführt werden.

Eine solche Rekonstruktion würde bedeuten, dass sich der Ablauf einer Bestattung für Personen der hier besprochenen sozialen Gruppe von der aus Darstellungen in den Elitegräbern zu erschließenden Abfolge der einzelnen Kulthandlungen unterschieden hätte. Für die Beisetzung eines Elitemannes scheint die Trauergemeinde die fertige Mumie in der Mumifikationsstätte abgeholt und dann in einer aufwändigen Prozession zum Grab gebracht zu haben. Erst dort fanden die Schlussriten und anschließend das Mahl statt. Im Falle der erweiterten Königsfamilie wären zuerst alle Riten abgeschlossen und erst danach der Gang zum Grab angetreten worden.

Eine solche spezifische Sitte scheint aus mehreren Gründen wahrscheinlich. Einerseits wurde bereits auf die Entfernung des Grabes im unwegsamen Wüstental hingewiesen, und es bleibt fraglich, ob überhaupt jemand außerhalb eines kleinen Kreises direkt Involvierter Zugang zu dieser abgeschiedenen königlichen Nekropole gehabt hätte. Anderseits war es auch gut möglich, dass die Königsfamilie zum Zeitpunkt einer Bestattung nach der langen Mumifizierungsphase bereits nicht mehr im Raum Theben weilte und dass die Abschlussriten und die Beisetzung weitgehend von damit beauftragten Spezialisten durchgeführt wurden.

Die bereits mehrfach erwähnten Holztäfelchen können dazu näheren Aufschluss liefern. Sowohl im Konvolut aus dem Rhind-Grab als auch auf einigen Täfelchen aus KV 40 werden nach der Nennung der Verstorbenen noch eine Reihe weiterer Personen erwähnt. Sie tragen niedere Verwaltungs- oder Priestertitel, die mit Tätigkeiten im Rahmen der eigentlichen Beisetzung in Verbindung gebracht werden können. So lautet die Aufschrift eines Holztäfelchens aus dem Rhind-Grab: „Die Königstochter Tiaa des Mencheperure (Thutmosis' IV.) aus dem Haus der Königskinder. Diejenigen, die hinter ihr sind: der Aufseher Tugay, der Wächter Si, der Wächter Neferuerhatef und der Balsamierungspriester Neferrenpet". Neben diesen Berufsgruppen wird mehrfach noch ein Schreiber erwähnt[61]. Es muss sich dabei um die Männer handeln, die den Transport der Verstorbenen und der Grabbeigaben sowie die eigentliche Grablegung verantworteten. Der Ausdruck „diejenigen, die hinter ihr sind," kann dabei ganz wörtlich als Bezeichnung der bei der Prozession dem Sarg und der Verstorbenen Folgenden verstanden werden.

Nach Abschluss der Bestattungsriten holte diese Gruppe von Angestellten die Mumie, die Särge, die vorgesehenen (wohl aus einem königlichen Magazin gelieferten) Grabbeigaben sowie die unterdessen gefüllten und verschlossenen Gefäße ab und trug sie ins Tal der Könige oder eine der anderen für diese Personengruppe vorbereiteten Grabstätten. Um bei diesen Mehrfachbestattungen Verwechslungen zu vermeiden und jeder Person die ihr zugewiesenen Beigaben und die Reste der

61 Bouvier 2009; Adrom 2021.

ihr gewidmeten Zeremonien zuzusichern, wurden die Gefäße und ein Teil der Objekte durch Aufschriften individualisiert. Ein einzelner Balsamierungspriester war nach der Platzierung im Grab vielleicht noch für eine letzte Kontrolle der Mumie zuständig.

Erst die spezifische Situation von Bestattungen von Menschen einer besonderen Personengruppe, die vermutlich oft in Abwesenheit der nahen Verwandten und Lebensgefährtinnen und vielleicht auch gelegentlich von mehreren Personen gemeinsam durchgeführt wurden, bedingte die geänderte Reihenfolge der einzelnen Etappen einer Beisetzung und die sorgfältige Beschriftung und Individualisierung der Gefäße mit Ritualinhalt und der Objekte der Grabausstattung.

Kult und Gedenken der Verstorbenen

Was geschah nach der Bestattung? Ein aufwändiger Totenkult gilt oft als ein Kennzeichen der altägyptischen Kultur. Dies könnte allerdings eine von gewissen besonders eindrücklichen Beispielen abgeleitete moderne Vorstellung sein. Wohl in allen Bevölkerungsschichten hielten die Lebenden eine Verbindung zu den verstorbenen Angehörigen, ihren Ahnen, aufrecht, die ein – nunmehr rein virtueller – Teil der Gesellschaft blieben[62]. Die Pflege dieser Beziehung zu den Verstorbenen wird ein zentraler Faktor der persönlichen und der kollektiven religiösen Praxis gewesen sein, und sie kann verschiedene, auch wenig sichtbare Formen angenommen haben.

Die Könige erhielten einen täglichen Totenkult im Rahmen ihrer „Millionenjahrhäuser", der für sie errichteten und stets mit dem Kult großer Gottheiten verbundenen Tempel, die mit umfassenden Ländereien und Personal ausgestattet und institutionell an die Göttertempel angeschlossen waren. Auch Angehörige der hohen Elite konnten ihren eigenen Totenkult vertraglich sichern, indem Priester zu regelmäßigen Kulthandlungen und Opfergaben verpflichtet und dafür bezahlt wurden. Diese Praxis bedingte aber ebenfalls eine bauliche Struktur in Form einer dekorierten, oft mit einer Statue versehenen Grabkapelle. Der breiten Bevölkerung standen weder eigens vorgesehene Räumlichkeiten noch die Mittel für einen solch kostspieligen Kult für verstorbene Angehörige zur Verfügung. Das Gedenken und einfache Opfergaben werden sich hier auf den Hausaltar verlagert haben. Nur bei gewissen Festen wird ein Großteil der Bevölkerung sich zu den Nekropolen

62 Harrington 2013.

begeben und den direkten Austausch mit den Bestatteten in Form eines gemeinsamen Mahls gesucht haben, eine Sitte, die noch im heutigen Ägypten lebendig ist.

Für die hier beobachtete, weitgehend weibliche Personengruppe waren bei den für sie bekannten Grabstätten keine eigenen Kultstellen vorgesehen. Es konnte offensichtlich für sie kein Totenkult am Grab vollzogen werden. Es ist auch unwahrscheinlich, dass in den Totenkulttempeln des Königs eine für sie markierte Stelle vorgesehen war, wo Priester diesen Personen – sei es als Gruppe oder als Individuen – hätten Opfer darbringen können.

Wie oben angedeutet, war die Praxis des Totenkults wahrscheinlich nicht so weit in der Gesellschaft verbreitet, wie manchmal angenommen wird; sie scheint in allen Epochen vor allem auf die Sphäre der Beamtenelite bezogen gewesen zu sein, die monumentale Gräber mit integrierten Kultstrukturen besaß.

Doch auch die Mitglieder der großen königlichen Familie gehörten einer Gemeinschaft an, die eine spezifische Lebensform teilte und die emotionale und kultische Verbindungen zu ihren verstorbenen Angehörigen aufrecht erhielt. In Ermangelung eines institutionalisierten Totenkultes wird sich der Ausdruck dieser Verbindung im privaten Rahmen abgespielt und, wie bei einem weiten Teil der Bevölkerung, in Form von häuslichem Ahnenkult ausgedrückt haben. Ahnenkult war eine Form der Verehrung der Verstorbenen und des Gedenkens, die von der Lage und Zugänglichkeit des Grabes unabhängig war. Diese Kultpraxis konnte individuell oder in der Gemeinschaft vollzogen werden, neben dem häuslichen Bereich konnten dafür auch gemeinschaftlich und vielseitig genutzte Kapellen in unmittelbarer Nähe der Wohnbereiche zur Verfügung stehen[63].

Jede Form von Kult bedurfte im Alten Ägypten eines sichtbaren Bezugspunkts. Für den Götterkult waren dies in der Regel Statuen, für den Totenkult von Königen und von Mitgliedern der hohen Elite konnten ebenfalls Statuen oder mit dem Namen beschriftete Opferplatten, Stelen und Scheintüren diese Funktion übernehmen. Für den Ahnenkult in den Wohnbereichen dienten meist namenlose und geschlechtlich nicht differenzierte Büsten als Bezugspunkt einer einfachen Wasserspende, über die die Hinterbliebenen gegebenenfalls auch mehrere Verstorbene einer Gemeinschaft gleichzeitig ansprechen konnten (Abb. 22)[64].

63 Meskell 2003.

64 Mariette 1880, Bd. 2, Taf. 60.

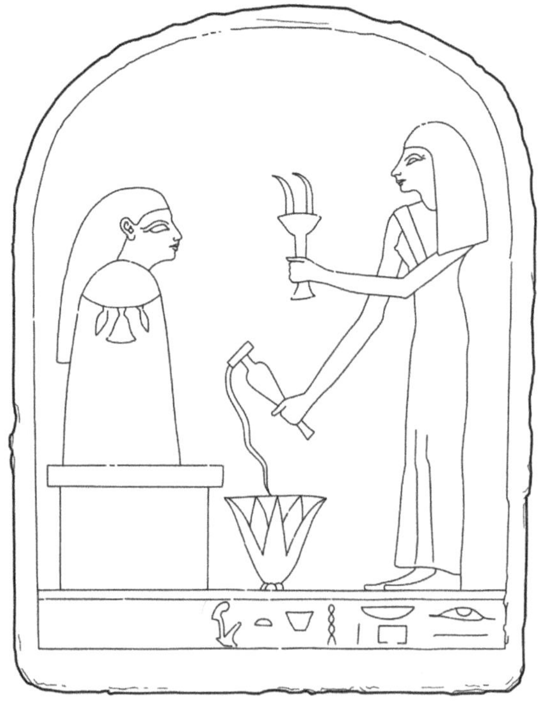

Abb. 22: Stele einer Frau beim Gedächtniskult vor einer sogenannten Ahnenbüste. Zeichnung: Martina Langer-Aeschlimann nach Mariette 1880.

Aus dem Neuen Reich sind über 200 solcher sogenannten Ahnenbüsten bekannt, die oft aus bemaltem Kalkstein, gelegentlich auch aus Holz, Lehm oder Fayence gefertigt waren[65]. Auf ihre für einzelne Familien langjährige Verwendung und Bedeutung weisen zahlreiche Reparaturen und Auffrischungen der oft bunten Halskragen oder Blumengehänge hin. Es ist auffällig, dass gerade aus den königlichen Residenzstädten Gurob und Amarna besonders kleinformatige Ahnenbüsten, teils sogar mit einer Öse zum Anhängen, überliefert sind[66]. Ob diese Stücke von der oft reisenden Hofgesellschaft vielleicht auch mitgeführt werden konnten? Gewiss gedachten die Mitglieder dieser Gemeinschaft auch unterwegs ihrer verstorbenen Angehörigen und suchten deren virtuelle Präsenz und deren Schutz für das eigene Leben. Wie in jedem Haushalt und jeder Familie, so mussten auch in der erweiter-

65 Keith 2011.

66 Bickel im Druck.

ten Königsfamilie der Zusammenhalt und die Fortdauer als Gemeinschaft, zu der auch die Verstorbenen zählten, beständig aufrechterhalten werden.

Auch wenn das hier besprochene Segment der erweiterten Königsfamilie zum Kern der Hofgesellschaft gehörte und durch Abstammung, Lebensumfeld oder öffentlich rituelle Tätigkeiten das von der Beamtenelite so hoch bewertete Privileg der Königsnähe besaß, so kam ihnen doch ein besonderer, von dem der Elite in vielen Aspekten unterschiedlicher Status zu. Sie scheinen als größere, von ihrer Herkunft her durchmischte Personengruppe gelebt zu haben, wobei die Königssöhne wohl bereits recht jung zur Erziehung und für sie bestimmte Aufgaben ausgesondert wurden. Diese Gruppe der Königstöchter und Hofdamen gliederte sich in eine Hofhierarchie ein, in der Königinnen und wenige hervorgehobene Königstöchter weiter oben, andere Personengruppen, wie z.B. Musikantinnen, weiter unten positioniert waren. Ob es innerhalb der hier behandelten Gruppe soziale Unterschiede gab, ist schwer festzustellen. Allenfalls kann die Trennung im Grab des Cheruef in eine Gruppe weiblicher Königskinder und eine parallel dargestellte Gruppe ausländischer Frauen edler Abstammung dahingehend gewertet werden, dass sie als zwei Teile einer sozialen Kategorie erachtet wurden. Aus den Überresten ihrer Bestattungen lassen sich im heutigen fragmentierten Zustand keine Unterschiede in Qualität oder Reichtum ablesen. Allgemein scheinen die Beigaben aus KV 40, insbesondere die Särge, nicht von exquisiter, sondern eher von durchschnittlicher Qualität gewesen zu sein[67]. Dies erstaunt nicht wirklich, denn es handelte sich um eine große Gruppe von Menschen, die wohl ohne viel Öffentlichkeit und pompöse Inszenierung professionell und mit einer Art „guter Grundausstattung" beigesetzt wurde. Für diese Personengruppe konnte auf eine aufwändige Zurschaustellung von Reichtum verzichtet werden, denn ihre Mitglieder befanden sich – anders als die Beamtenelite – weder in einem Prestigewettbewerb, noch hatten sie Nachkommen, die sich über eine reiche Bestattung ihr Anrecht auf ein Erbe sichern mussten. Anders als bei Königinnen und Königen wurden ihre Begräbnisse auch nicht zur Demonstration herrschaftlichen Glanzes und Reichtums genutzt. Auch wenn bei ihrer Grabausstattung auf die Individualisierung der Objekte geachtet wurde, so scheinen sie doch vielmehr als Gemeinschaft wahrgenommen und behandelt worden zu sein.

Als eigene soziale Gruppe lebten diese Frauen vermutlich auch innerhalb der jeweiligen Residenzen zusammen, und sie begaben sich gemeinsam auf Reisen, um die Auftritte des Königs rituell zu begleiten. Über ihre eigene tägliche kultische Praxis integrierten sie ihre verstorbenen Mitglieder, ähnlich wie in jedem altägyptischen Haushalt, weiterhin gemeinsam in ihre Kult- und Lebensgemeinschaft.

67 Münch 2019.

Literaturverzeichnis

Adrom, Faried: Die beschrifteten Holztäfelchen aus KV 40 und KV 64, in: Susanne Bickel (Hg.), Räuber – Priester – Königskinder, Swiss Egyptological Studies 2.1, Basel 2021, 48–103.

Aston, David: The Pottery from KV 40 and KV 64, in: Susanne Bickel (Hg.), Räuber – Priester – Königskinder, Swiss Egyptological Studies 2.1, Basel 2021, 255–426.

Bayer, Christian: Die den Herrn der Beiden Länder mit ihrer Schönheit erfreut. Teje, eine ikonographische Studie, Wiesbaden 2014.

Beinlich-Seeber, Christine; Abdel Ghaffar Shedid: Das Grab des Userhat (TT 56), AVDAIK 50, Mainz 1987.

Bickel, Susanne (Hg.): Räuber – Priester – Königskinder. Die Gräber KV 40 und KV 64 im Tal der Könige. Die beschrifteten Objekte der 18. Dynastie und die Keramik, Swiss Egyptological Studies 2.1, Basel 2021. https://edoc.unibas.ch/84950.

Bickel, Susanne: Other tombs: queens and commoners in KV, in: Richard H. Wilkinson & Kent R. Weeks (Hg.), The Oxford Handbook of the Valley of the Kings, Oxford 2016, 230–242.

Bickel, Susanne: Retrieving the king's treasure – reburying the king's body: contexts of 21st-Dynasty activities in the Valley of the Kings, in: Rogério Sousa, Alessia Amenta & Kathlyn M. Cooney (Hg.), Bab el-Gasus in Context, Rediscovering the Tombs of the Priests, Rom 2020, 69–79.

Bickel, Susanne: A princess' burial: funerals and ancestor cult in the extended royal family in the time of Amenhotep III, in: Gianluca Miniaci (Hg.), Aegyptologica Pisana. Distinguished Studies in Egyptology, Turnhout, im Druck.

Bickel, Susanne; Donnat Sylvie; Smet, Heloïse: Nouvelles étiquettes aux noms de princesses de la XVIIIe dynastie, in: RdE 2024, im Druck.

Blankenberg-van Delden, C.: More Large Commemorative Scarabs of Amenophis III, Journal of Egyptian Archaeology 62, 1976, 74–80.

Bouvier, Guillaume: Les princesses de Gourna, in: Dieter Kessler et al. (Hg.), Texte – Theben – Tonfragmente, Wiesbaden 2009, 59–69.

Carter, Howard: Report on General Work Done in the Southern Inspectorate, ASAE 4, 1903, 43–50.

Carter, Howard: Report on Tomb-Pit Opened on the 26th January 1901 in the Valley of the Tombs of the Kings, ASAE 2, 1901, 196–200.

Casini, Emanuele: Re-exploring the Queens' Valley: Archival, Archaeological, and Social Research, Basel 2022. https://edoc.unibas.ch/89549.

Connor, Simon: Le statue della dea Sekhmet, Turin 2017.

Daressy, Georges: Fouilles de la Vallée des Rois (1898–1899). Catalogue général des antiquités égyptiennes du Musée du Caire. Nos 24001–24990, Kairo 1902.

Davis, Theodore M.: The Tomb of Siphtah; the Monkey Tomb and the Gold Tomb, London 1908.

Davis, Theodore M. (Hg.): The Tomb of Iouiya and Touiyou, London 1907.

Dorman, Peter: Two Tombs and One Owner in: Jan Assmann, Eberhard Dziobek, Heike Guksch & Friederike Kampp (Hg.), Thebanische Beamtennekropolen. Neue Perspektiven archäologischer Forschung. Internationales Symposion, Heidelberg, 9.–13.6.1993 (SAGA 12), Heidelberg 1995, 141–154.

Epigraphic Survey: The Tomb of Kheruef. Theban Tomb 192, OIP 102, 1980.

Erman, Adolf: Das „Haus" der Königskinder, ZÄS 31, 1893, 125.

Feucht, Erika: Kinder fremder Völker in Ägypten, SAK 17, 1990, 177–204.

Fischer-Elfert, Hans-W.: Die Ankunft des Königs nach ramessidischen Hymnen et cetera, SAK 27, 1999, 65–85.

Hagen, Frederik: On Some Movements of the Royal Court in New Kingdom Egypt, in: Jacobus van Dijk (Hg.), Another Mouthful of Dust. Egyptological Studies in Honour of Geoffrey Thorndike Martin, OLA 246, 2016, 155–181.

Harrington, Nicola: Living with the Dead: Ancestor Worship and Mortuary Ritual in Ancient Egypt, Oxford 2013.

Hunkeler, Charlotte: Gefässverschlüsse aus KV 40 und KV 64, in: Susanne Bickel (Hg.), Räuber – Priester – Königskinder, Swiss Egyptological Studies 2.1, Basel 2021, 425–444.

Jenni, Hanna, Dorn, Andreas & Paulin-Grothe, Elina: Das Grab der Königin Tiaa im Tal der Könige (KV 32), SES 1, 2021. https://edoc.unibas.ch/81215.

Kawai, Nozomu: Some Remarks on the Funerary Equipment from the Tomb of Amenhotep III (KV22), in: Pearce P. Creasman (Hg.), Archaeological Research in the Valley of the Kings and Ancient Thebes, University of Arizona Egyptian Expedition 2013, 149–172.

Keith, Jean L.: Ancestor Busts of Deir el Medineh and Other Sites and Collections, DFIFAO 49, Kairo 2011.

Kemp, Barry J: The Harim-Palace at Medinet al-Ghurab, ZÄS 105, 1978, 122–133.

Kozloff, Arielle P. & Bryan, Betsy M.: Egypt's Dazzling Sun. Amenhotep III and His World, Cleveland 1992, 42–43, Katalognummern 24, 103, 104.

Laboury, Dimitri: Sennefer et Aménémopé : une affaire de famille, Égypte, Afrique & Orient 45, 2007, 43–52.

Lacovara, Peter: A Royal Palce at the Time of Amenhotep III and Tiye: Malkata, in: Christiane Ziegler (Hg.), Queens of Egypt. From Hetepheres to Cleopatra, Monaco/Paris 2008, 62–73.

Lakomy, Konstantin C.: „Der Löwe auf dem Schlachtfeld". Das Grab KV 36 und die Bestattung des Maiherperi im Tal der Könige, Wiesbaden 2016.

Langer, Christian: Egyptian deportations of the Late Bronze Age: a study in political economy, ZÄS Beihefte 13, 2021.

Lilyquist, Christine: The Tomb of Three Foreign Wives of Thutmosis III, New York 2003.

Litherland, Piers: The Shaft Tombs of Wadi Bairiya I. Preliminary Report on the Clearance Work on the WB1 Site by the Joint-Venture Mission of the New Kingdom Research Foundation with the Ministry of Antiquities, Exeter 2018.

Mariette, Auguste: Abydos. Description des fouilles exécutées sur l'emplacement de cette ville II, Paris 1880.

Matić, Uroš: Children on the move: ms.w wr.w in the New Kingdom Procession Scenes, in: Jana Mynářová, Pavel Onderka & Peter Pavúk (Hg.), There and Back Again – the Crossroads II. Proceedings of an International Conference Held in Prague, September 15–18, 2014, Prag 2015, 373–390.

Meskell, Lynn: Memory's materiality: ancestral presence, commemorative practice and disjunctive locales, in: Ruth M. Van Dyke & Susan E. Alcock (Hg.), Archaeologies of Memory, Oxford 2003, 34–55.

Meyer, Sabrina; Frater, Nakita; Seiler, Roger; Bickel, Susanne; Böni, Thomas; Eppenberger, Patrick & Rühli, Frank J.: Multidisciplinary Studies of Heavily Fragmented and Commingled Ancient Egyptian Human Remains Found in Tomb KV 40 (Valley of the Kings, Luxor, Egypt): A Pragmatic Workflow and First Results, Journal of Archaeological Science: Reports, 29, 2020. https://doi.org/10.1016/j.jasrep.2019.102069.

Miniaci, Gianluca: Multiple Burials in Ancient Societies: Theory and Methods from Egyptian Archaeology, in: Cambridge Archaeological Journal 29/2, 2018, 287–307. https://doi.10.1017/S095977431800046X.

Moran, William L.: The Amarna Letters, Baltimore / London 1992.

Münch, Hans-Hubertus: Noble burials? Notes on the use of black coffins in KV 40, in: Helen Strudwick & Julie Dawson (Hg.), Ancient Egyptian Coffins, Past – Present – Future, Oxford, Philadelphia 2019, 52–57.

O'Connor, David: The King's Palace at Malkata and the Purpose of the Royal Harem, in: Zahi Hawass & Jennifer Houser Wegner (Hg.), Millions of Jubilees. Studies in Honor of David P. Silverman, CahASAE 39/2, Kairo 2010, 55–80.

Orsenigo, Christian: La tombe de Maiherperi (KV 36), Egyptian and Egyptological Documents Archives Libraries Supplements 1, Mailand 2016.

Quibell, James E.: The Tomb of Yuaa and Thuiu. Catalogue général des antiquités égyptiennes du Musée du Caire. Nos 51001–51191, Kairo 1908.

Quirke, Stephen: The Administration of Egypt in the Late Middle Kingdom: The Hieratic Documents, New Malden, 1990.

Quirke, Stephen: The Residence in Relations between Places of Knowledge, Production and Power, in: Rolf Gundlach & John H. Taylor (Hg.), Egyptian Royal Residences, Wiesbaden 2009, 111–130.

Reeves, C. Nicholas; Wilkinson, Richard H.: The Complete Valley of the Kings. Tombs and Treasures of Egypt's Greatest Pharaohs, London 1996.

Rhind, Alexander H.: Thebes. Its Tombs and their Tenants Ancient and Present Including a Record of Excavations in the Necropolis, London 1862.

Roth, Silke: Der Herrscher im Fest. Zur rituellen Herrschaftslegitimation des ägyptischen Königs und ihrer Außendarstellung im Rahmen von Festen, in: Dirk Brökelmann & Andrea Klug (Hg.), In Pharaos Staat. Festschrift für Rolf Gundlach zum 75. Geburtstag, Wiesbaden 2006, 205–249.

Roth, Silke: Gebieterin aller Länder: Die Rolle der königlichen Frauen in der fiktiven und realen Aussenpolitik des ägyptischen Neuen Reiches, OBO 185, Freiburg 2002.

Ryan, Donald P.: Pacific Lutheran University Valley of the Kings Project: Work Conducted during the 2007 Field Season, ASAE 84, 2010, 383–388.

Schiff Giorgini, Michela: Soleb V. Le temple: bas-reliefs et inscriptions, Kairo 1998.

Taylor, John H.: Aspects of the History of the Valley of the Kings in the Third Intermediate Period, in: C. Nicholas Reeves (Hg.), After Tut'ankhamūn. Research and excavation in the Royal Necropolis at Thebes, London 1992, 186–206.

Weeks, Kent R.: Atlas of the Valley of the Kings, Kairo 2000.

Yoyotte, Jean: Une monumentale litanie de granit. Les Sekhmet d'Aménophis III et la conjuration permanente de la déesse dangereuse, Bulletin de la Société française d'égyptologie 87–88, 1980, 46–75.

Yoyotte, Marine; Pillon, Andrea; Bunbury, Judith; Ostericher, Ian; Elwakil, Mostafa Mohamad Omar & Marchand, Sylvie: Nouvelles recherches sur le site de Gourob. Des fouilles du XIXe siècle aux résultats de la campagne 2017, Bifao 118, 2019, 555–609.

Yoyotte, Marine: The Harem in Ancient Egypt, in: Christiane Ziegler (Hg.), Queens of Egypt. From Hetepheres to Cleopatra, Monaco/Paris 2008, 76–91.

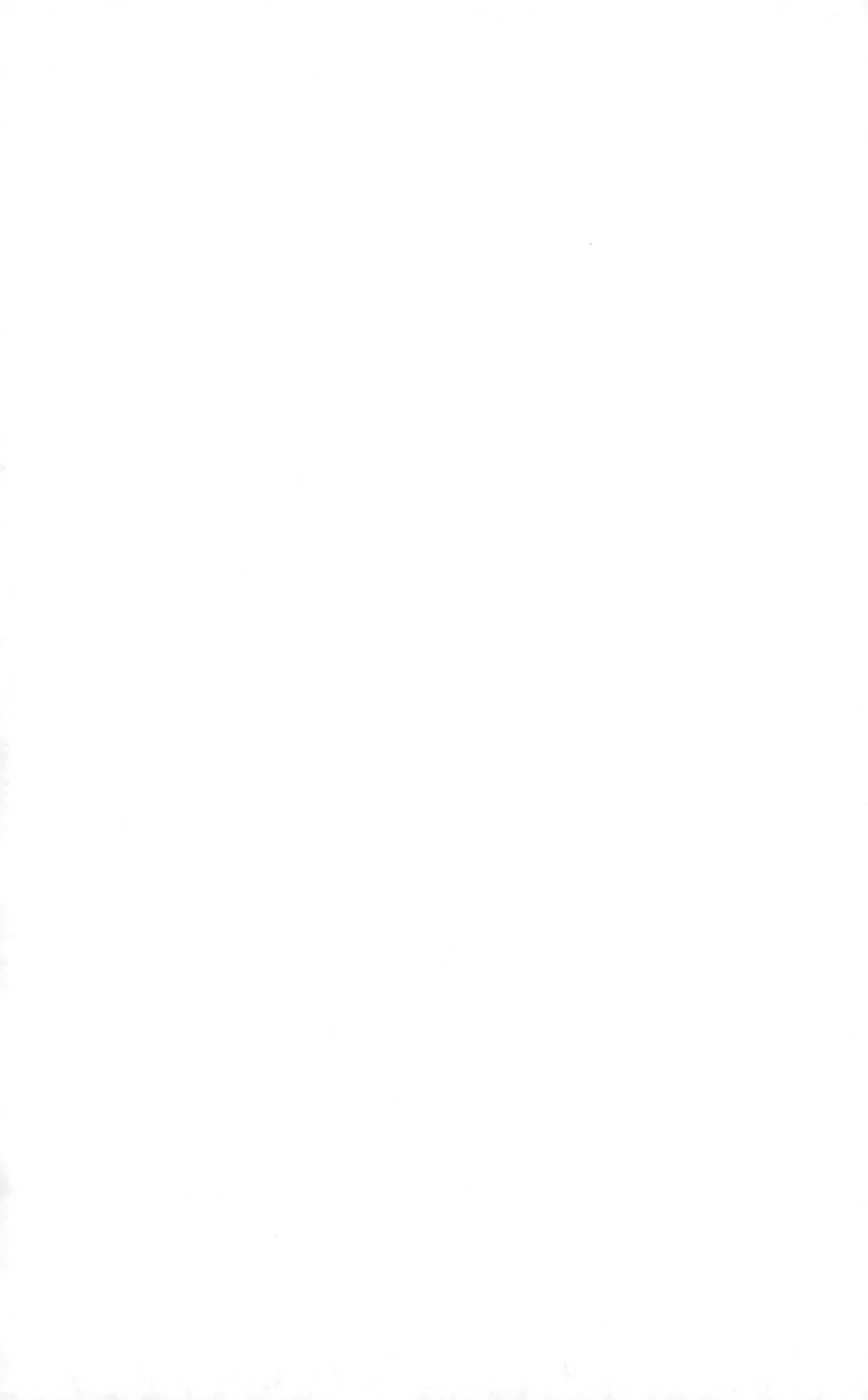

www.ingramcontent.com/pod-product-compliance
Lightning Source LLC
LaVergne TN
LVHW021628120826
845149LV00023B/1489